北京市哲学社会科学青年拔尖人才项目资助

中外比较视域下
意识形态安全与首善之区建设

ZHONGWAI BIJIAO SHIYU XIA

YISHI XINGTAI ANQUAN YU SHOUSHANZHIQU JIANSHE

尤国珍◎著

知识产权出版社
全国百佳图书出版单位

图书在版编目（CIP）数据

中外比较视域下意识形态安全与首善之区建设 / 尤国珍著 . —北京：知识产权出版社，
2018.8

ISBN 978-7-5130-5770-7

Ⅰ.①中… Ⅱ.①尤… Ⅲ.①社会意识形态—关系—城市建设—研究—北京
Ⅳ.① F299.271

中国版本图书馆 CIP 数据核字（2018）第 187842 号

内容提要

本书以界定意识形态安全相关概念和首都意识形态战略定位为切入点，以梳理当代中国
意识形态建设的探索历程与基本经验为背景，对比西方资本主义国家和社会主义国家意识形
态建设的经验教训，重点研究新时代首都意识形态安全存在的问题，分析问题原因，探寻新
时代首都意识形态安全工作创新的实现路径。

责任编辑：安耀东　　　　　　　　　　　　　　责任印制：孙婷婷

中外比较视域下意识形态安全与首善之区建设

尤国珍　著

出版发行：**知识产权出版社**有限责任公司	网　　址：http：//www.ipph.cn
	http：//www.laichushu.com
电　　话：010-82004826	
社　　址：北京市海淀区气象路 50 号院	邮　　编：100081
责编电话：010-82000860 转 8534	责编邮箱：anyaodong@cnipr.com
发行电话：010-82000860 转 8101	发行传真：010-82000893
印　　刷：北京中献拓方科技发展有限公司	经　　销：各大网上书店、新华书店及相关专业书店
开　　本：720mm×1000mm　1/16	印　　张：12.75
版　　次：2018 年 8 月第 1 版	印　　次：2018 年 8 月第 1 次印刷
字　　数：200 千字	定　　价：81.00 元

ISBN 978-7-5130-5770-7

序

任何一个民族、国家、政党都要通过意识形态来阐明主张、引领社会、凝聚民众。历史和现实反复证明，能否做好意识形态安全工作，事关党的前途命运、国家长治久安、民族凝聚力和向心力。随着当今世界形势的剧烈变化，社会主义国家在意识形态领域所面临的困难和挑战比以往任何时候都更为激烈和尖锐。新时代，中国应该怎样建设、发展和巩固马克思主义意识形态的主导地位，坚定人们的马克思主义信仰，适应建设新时代中国特色社会主义的需要，是值得我们当前思考和解决的重大课题。

纵观当代中国的意识形态建设，经历了一个曲折探索的艰难历程。中国共产党90多年的奋斗史，伴随着不同历史时期目标任务的转换和时代提出的新课题，意识形态工作在战略性调整和适应性转变中烙上了鲜明的时代特征。改革开放前，以毛泽东为核心的党的第一代领导集体确立了马克思主义意识形态在我国的指导地位，推动了新中国社会主义制度的建立和完善，但经历了较大的曲折。改革开放40年来，面对不同时期的复杂国际国内形势，以邓小平、江泽民为核心的党的第二代、第三代领导集体和以胡锦涛为总书记的党中央领导集体提出了一系列意识形态建设思想，引领了新时期中国社会主义现代化建设的发展方向，留下了宝贵的经验。

党的十八大以来，意识形态领域正在进行具有许多新的历史特点的伟大斗争。以习近平同志为核心的党中央站在中国特色社会主义事业的大局规划的战略高度，在深刻把握我国发展的实际情况的基础上，科学分析了当前我国社会意识形态建设的新形势，形成了一系列关于新时期社会主义意识形态建设的新观点、新方法、新思想、新思路，对意识形态工作提供了有力指导，使我们牢牢把握了意识形态工作的领导权、管理权、话语权。

从国际视野来看，无论是当今西方发达资本主义国家意识形态建设的成功经验，还是国外社会主义国家意识形态建设的深刻教训，都为我国新时代的意识形态安全建设提供了经验和启迪。因此研究美国、日本等为代表的发达资本主义国家，苏联、越南为代表的社会主义国家意识形态建设理论和实践规律，分析其成功经验与失败教训，显得尤为重要。

坚持问题意识和问题导向，是党的十八大以来意识形态工作的显著特征。北京是全国政治、文化中心和国际交往中心，也是意识形态斗争的前沿阵地。北京市历来高度重视意识形态安全工作，特别是党的十八大以来，市委市政府坚决贯彻十八大精神和习近平总书记一系列重要讲话精神，以"首都稳、全国稳"的高度政治自觉和责任担当，及时分析研判形势，坚决采取有效措施，积极探索经验规律，不断明确思路方向，保持了意识形态领域总体平稳向好的态势。但是，当前首都的意识形态安全形势依然复杂，仍处于问题易发多发期。党的十八大以来，国家处于全面深化改革的关键时期，处于向更高发展阶段迈进的阶段，也是首都疏解非首都功能、治理"大城市病"的关键几年。首都意识形态领域的主要风险点需要认真排查研判，提早制定战略思路和对策以谋划应对。

摆在读者面前的这本《中外比较视域下意识形态安全与首善之区建设》是一位青年社会科学工作者的著述。作者是我当年的博士生，此书是在其所获资助的北京市哲学社会科学青年拔尖人才项目的基础上修订而成。作者于2004年起在中国人民大学攻读中共党史专业硕士学位和当代中国史专业博士学位，我目睹了他的成长过程。经过在人大 5 年的硕士和博士阶段的系统学习，他逐步掌握了马克思主义的研究方法，形成了严谨的科研思路，具备了独立研究的能力。他在 2009 年博士毕业后到北京市社会科学院科学社会主义研究所工作，继续选择党史党建作为研究方向，陆续发表、出版了一些研究成果。由于作者勤奋好学，先后于 2015 年和 2017 年入选"北京市高层次创新创业人才支持计划"和第八批"北京市优秀青年人才"。

本书以首都意识形态战略定位为切入点，以总结当代中国意识形态建设的基本经验为背景，对比西方资本主义国家和当代社会主义国家意识形态建设的经验教训，重点研究当前首都意识形态安全存在的问题，找出问题原因，探寻新常态下首都意识形态安全工作创新的实现路径。

从总体上看，本书有以下几个突出特点：

一是新的研究视角。意识形态不仅具有阶级性，意图维护统治，而且具有社会性，能够凝聚社会共识和指引社会发展。目前关于首都意识形态安全的研究，特别是中外比较视域下首都意识形态安全研究，成果少见。本书采用中观层次的研究视角，查阅国家和北京市大量档案并作对比研究，得出具有现实可操作性的结论，这无疑是一个新的尝试。

二是研究方法上特别重视典型个案研究。理论来源于对实践的总结和抽象，也指导着实践。以典型案例对意识形态安全这个相对抽象和复杂的概念进行研究和探讨，最终是希望能够总结出意识形态自身发展和建设规律来指导现实的政治实践。本书以新时代条件下首都意识形态工作的发展变化为重点，以落实十八以来中央和北京市关于意识形态领域工作的指示和精神为立足点，探求首都意识形态工作的着力点和突破口。

三是提出新时代较具有可操作性的意识形态安全工作有效对策。意识形态在政治实践中，最重要的作用和功能就是为政权提供合法性论证。本书立足北京全国意识形态"主阵地、主战场、主力军"的特点，结合首都当前意识形态领域"空前活跃、空前复杂"的态势，围绕落实习近平总书记视察北京讲话重要指示精神，从政府、社会、个人三个层面提出有针对性的对策建议。其中，部分研究成果已经获得中央宣传部和北京市主要领导的肯定性批示。

当然，本书也有需要进一步提高的地方。正如作者自己坦言的那样，意识形态安全是一个很复杂的现实性问题，大量的文献研究和数据分析必不可少。本项目研究过程要对首都宣传、文化、网络管理部门进行调研座谈，统计大量实证数据并总结意识形态管理的现状，以准确揭示北京与其他地区存在的不同问题。因此，如何客观分析首都意识形态安全面临的新问题新任务并提出具有可操作性的对策建议是本书研究的难点。希望本书的出版能为当代中国意识形态安全研究提供有益的助力。

杨凤城

2018 年 7 月于中国人民大学

前　　言

一、国内外研究的现状和趋势、研究目标、拟突破的重点和难点等

1. 国内外研究现状和趋势

随着经济全球化日益加深，中国的发展进入新常态阶段，意识形态安全问题成为近年来一个越来越引起关注的新领域。国内外学者围绕这一课题进行了大量研究，研究成果颇丰，但研究视角不同。

国内学者对意识形态安全问题研究较多，他们大多从全球化、文化软实力、网络环境、社会主义核心价值体系等视角进行研究。根据其内容和方法不同，相关研究涉及以下几个方面：①关于意识形态安全的概念界定。石中英认为，意识形态安全是文化安全的核心内容，是衡量文化安全程度的重要尺度。[①] 黄建明等认为，意识形态安全主要指主体意识形态在一个国家中未受到威胁，统治地位相对比较稳定。[②] ②关于中国共产党几代领导人的意识形态安全思想。严高鸿认为，邓小平通过科学认识社会主义，把全民共同富裕作为价值方向，用科学理想和信念来加强社会主义意识形态建设。[③] ③关于我国社会主义意识形态建设的基本经验。朱兆中认为，坚持和发展马克思主义、牢牢掌握舆论阵地、

[①]　石中英.论国家文化安全 [J].北京师范大学学报（社会科学版），2004（3）.

[②]　黄建明，杜阿奇.积极构建我国意识形态安全体系 [J].湖北行政学院学报，2005（4）.

[③]　严高鸿，杜永吉.社会主义的科学精神与价值原则——论邓小平的意识形态建设思想 [J].毛泽东邓小平理论研究，2004（8）.

加强思想政治工作是我国意识形态建设主要经验。[①]王永贵认为，新时期意识形态建设的主要经验有抵御和批判各种反动错误思潮、建设社会主义精神文明，主要教训有正确处理社会主义与全球化的关系，坚持社会主义意识形态基本原则不动摇等。[②]④关于当前意识形态领域面临的问题与挑战。杨立英认为，市场化、全球化与网络化的深化，打破了传统封闭的思想环境，对意识形态安全构成严峻挑战。[③]杨文华认为，当代中国科学绝对主义与科学相对主义对主流意识形态形成持续压力。[④]⑤关于维护我国意识形态安全的主要对策。王岩、茅晓嵩认为，维护我国意识形态安全，要加强社会主义核心价值体系建设，构建社会主义和谐社会，加强党的先进性建设，增强国际传播能力。[⑤]周国平认为，当前应确立网络信息安全意识和网络危机意识，加强对信息网络的监控和管理，构建全国统一开放的意识形态安全宣传网络。[⑥]

国外学者对意识形态的研究，主要集中在意识形态概念阐释、功能论述和发展趋向探讨上。①关于意识形态概念的阐释。内容包括辩护和规范两方面。米勒认为，意识形态表现、解释和评价现实世界的方法来形成、动员、指导、组织和证明一定行为模式和方式。[⑦]迪韦尔热认为，意识形态是解释一个社会的系统方法，一种维持或摧毁、维护或批判一种社会所采取行动的依据。[⑧]②关于意识形态功能的研究。阿尔都塞认为，意识形态是一种温和的手段，采取说教方式发挥功能作用，其次才是暴力手段。[⑨]柯尔施认为，意识形态有虚假和歪曲

① 朱兆中.政党的执政资源与执政成本初探 [J].上海行政学院学报，2003（4）.

② 王永贵.新时期中国共产党维护和保持社会稳定的基本经验 [J].社会主义研究，2005（4）.

③ 杨立英.中国共产党意识形态"高势位"建设的成功经验与当代挑战 [J].马克思主义与现实，2011（3）.

④ 杨文华.当代中国主流意识形态面临的挑战 [J].科学对社会的影响，2008（2）.

⑤ 王岩，茅晓嵩."意识形态终结论"批判与我国意识形态安全 [J].政治学研究，2009（5）.

⑥ 周国平.信息化条件下的意识形态安全策略 [J].党建研究，2010（6）.

⑦ 米勒.布莱克维尔政治学百科全书 [M].北京：中国政法大学出版社，1985：237.

⑧ 迪维尔热.政治社会学：政治学要素 [M].北京：东方出版社，2002：19.

⑨ 阿尔都塞.保卫马克思 [M].北京：商务印书馆，1984：51.

的一面，对社会生活和人的精神产生重大精神力量影响，是取得革命胜利的关键因素。①③关于"意识形态终结论"。亨廷顿认为，人类最大纷争的根本因素是文化上的差异，文明冲突将逐步成为未来世界的基本矛盾。②国外这些研究有助于我们深化对意识形态的认识，但基于认识框架的局限，其意识形态观念需要我们结合马克思主义基本观点进行分析和批判。

综上可见，国内外学术界对意识形态进行了多方面解读，为我们全方位了解意识形态安全拓宽了视野。但是，目前研究还存在着一些不足：

（1）缺乏具体深入的意识形态安全研究。基于学理性的逻辑思辨较多，研究视野往往局限于意识形态本身，结合中国意识形态变迁的实证性研究不足。

（2）缺少典型个案的考察和比较。对意识形态安全研究基本停留在国家宏观层面，介绍性成果较多，比较性研究、批判性研究和反思性研究成果较少。

（3）现有问题和相应策略研究不够。已有研究成果多是定性分析，具体定量分析较少；多从宏观原则把握，较少提出具体方法和机制。

2. 研究目标

本书以首都意识形态战略定位为切入点，以总结当代中国意识形态建设的基本经验为背景，对比西方资本主义国家和当代社会主义国家意识形态建设的经验教训，重点研究当前首都意识形态安全存在的问题，找出问题原因，探寻新常态下首都意识形态安全工作创新的实现路径。

3. 拟突破的重点和难点

本书总结国内外意识形态安全建设的宝贵经验，都是为了着重系统研究当前北京市意识形态建设存在的问题，分析问题原因，探寻继续推进的有效实现路径。因此，如何找到首都意识形态安全建设的有效对策是本书研究的重点。面对新时期新常态下首都发展大势，结合中央给北京的新定位，要探索一条国

---

① 柯尔施.马克思主义和哲学 [M].王南湜，等，译.重庆：重庆出版社，1989：43.

② 亨廷顿.文明的冲突与世界秩序的重建 [M].北京：新华出版社，2010：178.

际一流的和谐宜居城市的意识形态安全建设之路，首先必须找到当前首都意识形态建设中存在的问题所在及出现问题原因，这正是本书研究的难点。

二、本书的研究思路、主要内容和研究方法、研究意义

1. 研究思路

本书以界定意识形态安全相关概念和首都意识形态战略定位为切入点，以梳理当代中国意识形态建设的探索历程与基本经验为背景，对比西方资本主义国家和社会主义国家意识形态建设的经验教训，重点研究当前首都意识形态安全存在的问题，分析问题原因，探寻新常态下首都意识形态安全工作创新的实现路径。

2. 主要内容

任何一个民族、国家、政党都要通过意识形态来阐明主张、引领社会、凝聚民众。历史和现实反复证明，能否做好意识形态安全工作，事关党的前途命运、国家长治久安、民族凝聚力和向心力。北京作为国家首都和政治文化中心，京津冀协调发展的核心，既是改革开放的前沿，也是意识形态斗争的前沿。

本书包括以下几部分：①全球化条件下意识形态安全相关理论概述。主要是对意识形态、主流意识形态、意识形态安全进行科学概念界定和功能分析，同时将首都意识形态工作置于维护国家战略安全高度，阐释首都意识形态安全的内涵、外延及功能定位。②当代中国意识形态建设的探索历程与基本经验。主要分为改革开放前后两个时期，考察新中国成立以来几代领导集体意识形态建设的探索历程及经验教训。③中外比较视域中的意识形态安全建设。主要研究美国、日本为代表的发达资本主义国家，苏联、越南为代表的社会主义国家意识形态建设理论和实践规律，分析其成功经验与失败教训。④新时代中国意识形态安全面临的挑战。主要从主流意识形态阐释与建构困境、主流意识形态认同危机、西方文化侵蚀威胁、网络时代话语领导权式微等，从新时代面临的国内、国外两大领域分析面临的挑战。⑤探索新媒体条件下的意识形态安

全建设。主要从新媒体条件下意识形态建设的特点、意识形态安全面临的机遇与挑战出发，从政府、社会、个人三个层面探析利用新媒体维护意识形态安全的有效路径。⑥新时代首都意识形态安全现状及特点。主要从话语平台的创建及传播、引导和对话、规制和管理等方面分析目前首都意识形态安全建设现状及特点。⑦新时代首都意识形态安全面临的新问题新任务。主要分析了网络技术和信息霸权、主流意识形态被"污名化"、社会意识形态领域空前活跃和几种主要社会思潮流行带来的新问题新任务。⑧新时代首都意识形态安全工作创新的实现路径。主要立足北京全国意识形态"主阵地、主战场、主力军"的特点，从培育意识形态战略思维、推进马克思主义"三化"、优化网络舆论生态、推进党的科学化建设等多维视角提出对策思路。

3. 研究方法

（1）历史分析与文献研究相结合。本书查阅了大量的中央和北京市关于意识形态建设的档案文献资料。意识形态安全是一个很复杂的现实性问题，大量的义献研究和历史分析必不可少。

（2）理论分析与实证研究相结合。本书通过对首都宣传、文化、网络管理部门的调查研究，统计大量实证数据总结意识形态管理取得的成就，揭示北京与其他地区存在的不同问题，探寻合理的解决方法。

（3）比较分析与层次研究相结合。通过对比西方发达资本主义国家和相关社会主义国家的意识形态建设，分析当前中国与北京面临的机遇和挑战，从政府、社会和个人三个层面探寻加强意识形态安全的有效策略。

4. 研究意义

（1）社会主义国家意识形态领域的工作要巩固马克思主义在意识形态领域的主导地位，巩固全体人民团结奋斗的共同思想基础。本书从考察意识形态安全的含义和特点入手，从中外比较视域探讨意识形态建设的经验，以求本书的研究建立在理论与现实基础之上。因此，本研究发表的论文和最终著作较具有理论创新意义。

（2）北京作为国家首都和政治文化中心，既是改革开放的前沿，京津冀协调发展的核心，也是意识形态斗争的前沿，首都稳才能全国稳。结合笔者对近几年北京意识形态领域舆情的调查研究，对首都意识形态安全提出符合实际的政策建议。因此，本书能够为领导决策提供参考和借鉴。

C O N T E N T S **目 录**

第一章　全球化条件下意识形态安全相关理论概述

任何一个民族、国家、政党都要通过意识形态来阐明主张、引领社会、凝聚民众。意识形态安全，是指主流意识形态的安全，即代表和维护统治阶级或国家利益的主义意识形态在社会意识形态体系中的主导地位不受侵害，并能够保持相对稳定的状态。意识形态安全在国家安全体系中占有重要地位，是国家安全保障的一道坚实屏障。历史和现实反复证明，能否做好意识形态安全工作，事关党的前途命运、国家长治久安、民族凝聚力和向心力。研究新时代中国的意识形态安全和首善之区建设，首先要对意识形态、主流意识形态、意识形态安全进行科学概念界定和功能分析，同时将首都意识形态工作置于维护国家战略安全高度，阐释首都意识形态安全的内涵、外延及功能定位。

第一节　意识形态、主流意识形态、意识形态安全的科学内涵和功能

一、意识形态的科学内涵及其功能

（一）意识形态的科学内涵

"意识形态"一词最早是由法国哲学家德斯杜特·德·特拉西（Destutt de Tracy）提出并把它引入西方哲学史。德·特拉西于 1796 年和 1798 年间在他向巴黎法兰西研究院分期宣读的题为《关于思维能力的备忘录》的论文中提出来。他从 1801 年开始写作《意识形态原理》一书，把它称作揭示观念中成见、

偏见根源的"观念科学",指出:意识形态指的是一种观念发生学,即关于观念的发生规律和普遍原则的科学。《简明大不列颠百科全书》对意识形态范畴的定义是:意识形态是社会哲学或者政治哲学的一种形式,其中实践的因素和理论因素具有同等重要的地位;它是一种观念体系,旨在解释世界并改造世界。从广义上讲,意识形态可以表示任何一种注重实践的理论,或者根据一种以理性为基础的"现世的信念",因而意识形态是多种多样的,如实证主义、共产主义、社会主义、法西斯主义、国家主义等。

今天使用的意识形态概念首先是来源于马克思和恩格斯合著的《德意志意识形态》一书。马克思和恩格斯所使用的意识形态一词 Ideologie(德文)是从法文中直接借用的。法文词 Idéologie 出现于 19 世纪初,最先采用这一词汇的是前文提到的德·特拉西。那么 Idéologie 是如何译为中文的"意识形态"的呢?据考察,很可能是郭沫若开此先河。他在 1927 年从德文版翻译了《德意志意识形态》的第一卷第一章,书名就叫《德意志意识形态》。这部书马克思和恩格斯生前没能出版,苏共 1924 年用俄文第一次发表该书的第一卷第一章,1926 年又用德语原文发表了这一章。郭沫若 1927 年将之译为中文,可谓较早。该书在苏联面世之前,马克思、恩格斯已在其他著作中多次使用过 Idéologie 一词。最早在《神圣家族》中使用,后又在 1847 年 4 月 8 日发表过以"德意志意识形态"为标题的反对卡尔·格恩律的文章,此外在发表于 19 世纪后半期的许多其他著作,如《反杜林论》《费尔巴哈论》中,也大量使用了该词。因而在郭沫若译出《德意志意识形态》之前,是否已有人将之译为"意识形态"现在难以断定。

界定"意识形态",有必要分析四个相关的概念——意识、社会意识、意识形式和意识形态。辩证唯物主义里经常出现"意识"的概念,认为它是高度发展的物质——人脑的产物,是对"存在"的反映。历史唯物主义里经常出现"社会意识"的概念,认为它是"社会存在"的反映。"社会存在"是"存在"的一部分,"社会意识"是"意识"的一部分,那么有没有"自然意识"呢?

在马克思看来，即使是自然科学家关于自然界的知识，本质上属于"社会意识"。马克思在《德意志意识形态》中明确告诉我们："意识一开始就是社会的产物，而且只要人们还存在着，它就仍然是这种产物。"[①] 这就启示我们，"意识"就是"社会意识"。法国人类学家列维·布留尔同样认为"意识"和"社会意识"就是同一个概念，他指出："不论我们上溯到过去多么远，不能我们所考察的民族多么原始，我们处处都只能遇到社会化的意识。"[②] 意思是，意识不管是以自然界还是以社会作对象，本质上都是社会意识。"社会意识"与"意识形态"这两个概念是什么关系？毋庸讳言，"意识形态"是"社会意识"，但是不能倒过来说，"社会意识"就是"意识形态"。马克思认为，"意识形态"只存在于有阶级冲突的社会形态中，而"社会意识"则指一切社会形态的意识。"意识形态"是一个贬义的概念，而"社会意识"则是一个中性的、描述性的概念。"社会意识"的含义比"意识形态"的含义更丰富。比如，科学不属于"意识形态"，但属于"社会意识"。从这个意义上说，"社会意识"大于"意识形态"。不少论著对"意识形式"和"意识形态"这两个概念的区分是不严格的，这主要是翻译的原因。德语词 Gestalt、Gestaltung 和 Form 在中文中既可译为"形式"也可译为"形态"。严格说，只应该将 Ideologie 译为"意识形态"，上面列举的三个词语应该译为"意识形式"。总之，"意识形态"是一个总体性的概念，是由各种"意识形式"——哲学、宗教、伦理、政治、法律等构成的有机整体。事实上，马克思和恩格斯正是按照这样的方式来理解意识形态和意识形式之间的关系的。

马克思、恩格斯是怎么界定"意识形态"的呢？纵观马克思、恩格斯的意识形态理论著述，他们从未对意识形态的概念有过明确界定。不但如此，他们还经常在多层含义上指称意识形态，有时把社会意识、意识形态、观念上层建

---

① 马克思，恩格斯，等.马克思恩格斯全集：第3卷[M].中共中央马克思恩格斯列宁斯大林著作编译局，译.北京：人民出版社，2002：34.

② 布留尔.原始思维[M].丁由，译.北京：商务印书馆，1985：16.

筑交叉使用或者相提并论。这就导致了人们对意识形态的理解有一定困难，并由此产生歧义。一些著名学者对马克思、恩格斯的意识形态的含义做了不同的解读。埃利希·哈恩（Erich Hahn）在1964年发表的《马克思主义和意识形态》的论文中指出：“意识形态这一概念或术语很可能在双重含义上被运用：一方面，它被马克思和恩格斯具体地理解为虚假的意识的标志；另一方面，在马克思主义和其他一些人的文献中，它主要是作为一个阶级的社会意识的总体概念而出现的。”①哲学家奥尔格·克劳斯（G.Klaus）主编的《马克思主义 - 列宁主义哲学词典》则认为：“马克思和恩格斯在历史唯物主义的基础上提出了科学的意识形态概念，并把社会意识理解为社会存在的反映。他们达到了这样的认识，即在阶级社会中意识形态是一个确定阶级的社会观念的总体，意识形态所表达的是这一阶级的历史 - 社会状况和利益，也就是说，在阶级社会中意识形态具有阶级特征。”②P.C.罗兹（P.C.Ludz）在《意识形态概念和马克思的理论》一书中认为：“马克思已经把意识形态理解为‘虚假的意识’，也理解为‘形而上学’和‘宗教’的整个‘上层建筑’。”③在上面列举的三种对马克思的意识形态定义的不同理解中可以看出，哈恩和罗兹都把马克思的意识形态概念首先理解为否定意义上的概念，这可以说是把握了马克思的这一概念的真谛，但简单地把意识形态称之为“虚假的意识”又会引起种种误解。克劳斯则把意识形态概念理解为一个描述性的概念。哈恩和罗兹都认为，马克思意识形态概念的第二方面的含义是指某一阶级的社会意识的总体，因而是一个描述性的概念。

综上所述，马克思的意识形态概念可以定义如下：在阶级社会中，适合一定经济基础以及竖立在这一基础上的法律的和政治的上层建筑而形成起来的，代表统治阶级根本利益的情感、表象和观念的总和，其根本的特征是自觉的或

① HAHN E.Ideologie[M].Frankfurt：Campus Verlag，1975：126.

② KLAUS G.Marxistisch-Leninistisches woerterbuch der philosophie：Band 2[M].Leipzig：Enzyklopaedie Verlag，1977：546.

③ LUPZ P C.Ideologiebegriff und marxistische theorie[M].Westdentscher Verlag，1977：20.

不自觉的用幻想的联系来取代并掩蔽现实的联系。

"意识形态"概念传入中国后，我国学者从不同的视角对意识形态概念做了规定和说明，散见于理论工具书、教科书、研究论文当中。第一，从内容上界定意识形态。认为意识形态包含政治思想、法律思想、道德、艺术、宗教、哲学。第二，从功能上界定意识形态。认为意识形态是对一定社会经济形态和政治制度的自觉的系统的反映，并指出意识形态的反作用。第三，从地位上界定意识形态。认为意识形态是社会意识形式中那些属于上层建筑的部分。第四，从主体上界定意识形态。认为意识形态是一定阶级或集团的思想学说，或者是一定国家或社会的统治思想。①

（二）意识形态的主要特征

用上述定义全面揭示意识形态的科学内涵也不可能，为此，有必要进一步探讨马克思意识形态概念的主要特征。这些特征可以概括如下。

一是总体性。在《德意志意识形态》写作前，马克思曾从政治、法律、法哲学、宗教、哲学、文学艺术、伦理、经济等不同的角度批判过德国社会及其相应的各种意识形式。但还没有深入思考这些被批判的不同意识之间的内在联系，还没有从整体上把握德国的思想状况及其实质。《德意志意识形态》的写作、意识形态概念的创制和运用，表明马克思的思想经历了一个重大飞跃。马克思发现物质资料的生产过程是人类历史的最基本的过程，这样一来，他就获得了一个考察意识的各种不同形式之间的内在联系的参照系。我们在这里看到的是一种交互关系：一方面，对意识的各种不同形式的批判是导致历史唯物主义理论创立的基本契机之一；另一方面，历史唯物主义理论的创立又使马克思的批判理论从局部上升到总体。也就是说，马克思形成了意识形态批判理论，即从总体上批判社会意识（不包括"科学"这样的意识形式）的理论。在马克思和恩格斯看来，意识形态是由各种具体的意识形式——政治思想、法律思想、社会思想、教育、伦理、艺术、宗教、哲学等构成的有机的思想体系。"有机

---

① 刘建军 . "意识形态" 概念考辨 [J]. 教学与研究，1993（5）.

的"是为了说明恩格斯理解的意识形态并不是各种具体的意识形式的机械的总和，而是一个有一定结构的、有活力的总体。根据马克思和恩格斯的论述，从各种意识形式和经济基础关系的远近来看，意识形态作为总体大致上可以划分为以下三个层次。第一个层次：政治思想、法律思想、经济思想。这三种意识形式以最直接的方式反映经济基础，它们之间也以最密切的关系相互发生影响。这是意识形态总体的基础部分。第二个层次：社会思想、教育、伦理、艺术。这四种意识形式离经济基础较远，但对人们日常生活的影响非常大，尤其是伦理思想，对人们的行为方式和性格的形成起着举足轻重的作用。这是意识形态总体的中间部分。第三层次：哲学、宗教。这是两种离经济基础最远的意识形式，但它们在意识形态总体中的作用并不因此而消减。在意识形态的总体中，这三个层次的各种意识形式都是紧密联系在一起的，它们共同与经济基础发生交互作用。

二是实践性。意识形态具有实践性，有两层含义。第一层含义是：意识形态并不是空洞的东西，它具有意向性，即它总是指向现实的。正如马克思所指出的，意识在任何时候只能是被意识到了的存在，而人们的存在就是他们的实际生活过程。马克思说意识形态没有历史，强调的也正是它对社会生活的意向性和依赖性。第二层含义是：人们之所以接受意识形态的教化，努力与意识形态认同，正是出于实践的目的。意识形态在本质上是实践的，或者说，可实践性乃是任何意识形态的基本特征和功能。一个试图逃避意识形态教化的人只可能是自然存在物，而不可能是社会存在物。

三是阶级性。马克思指出："统治阶级的思想在每一时代都是占统治地位的思想。这就是说，一个阶级是社会上占统治地位的物质力量，同时也是社会上占统治地位的精神力量。"[①] 马克思还指出，随着精神劳动和物质劳动的分工形式出现在统治阶级内部，统治阶级中有一部分人是作为该阶级的思想家，尤其是意识形态家而出现的，他们把编造统治阶级关于自身的幻想当作谋生的

---

① 马克思，恩格斯 . 马克思恩格斯选集：第 1 卷 [M]. 中共中央马克思恩格斯列宁斯大林著作编译局，译 . 北京：人民出版社，1995：98.

主要源泉。在《经济学手稿（1861—1863）》中马克思进一步明确地把这部分人称之为"意识形态阶层"。显然，马克思不仅揭示了意识形态的阶级属性，而且揭示了使这一属性成为可能的两个基本条件：一是意识形态的物质载体问题。意识形态在内容上是精神的，在形式上却以物质的方式表现出来。二是从事意识形态生产、分配的"意识形态阶层"。这里指的绝不是印刷工人、管教堂或者学校的工人，而是统治阶级内部或依附于统治阶级的意识形态家。意识形态阶级性的具体含义是：第一，意识形态所维护的是统治阶级的根本利益，而不是每一个细小的、具体的利益。第二，当社会是由几个阶级联合进行统治时，意识形态将契合联合统治的根本利益。马克思举例说，当统治阶级内部有斗争时，意识形态就会把分权学说当作永恒规律来谈论。第三，意识形态只能用来指称阶级社会中的意识的总体，不应当超出阶级社会的范围来使用这一概念。第四，在阶级社会中，不存在超越某一或某些阶级的根本利益的意识形态。第五，一般说来，被统治阶级不可能有自己的完整的思想体系，它们总是被同化在统治阶级的意识形态中。

四是相对独立性。意识形态的这一特征是相对于经济关系而言的。恩格斯把经济关系看作是一条中轴线，认为意识形态的发展归根到底是围绕这一中轴线而波动的。但是意识形态并不是经济关系的消极的伴生物，它是整个社会生活中的一个能动的组成部分，它不仅给予经济关系以巨大的反作用，而且表明自己具有相对独立性。相对独立性主要表现在五个方面：第一，滞后性。一方面，意识形态作为对社会存在的反映，在一般情况下总是落后于社会存在的，社会存在即人们的生活过程总是处于不断的发展和变化中，而意识形态一经形成就具有相对稳定性，直至社会存在发生根本性的改变时，意识形态才会或迟或早地发生剧烈的变化；另一方面，当旧的意识形态赖以存在的经济基础灭亡之后，其中的某些因素作为"遗迹"还会在新的意识形态中长期保留下去，这些"遗迹"之所以能兼容于新的不同的意识形态，是因为它们不可能对新的意识形态的根本精神构成损害。第二，不平衡性。意识形态的繁荣或衰弱并不与经济基础的发展或瓦解——对应,经济落后的国家在意识形态上却能演奏第一小提琴,经济衰退的时代又会伴随着意识形态的繁荣。比如,18世纪的法国经济上落后于英国,哲学上却比英国更辉煌;19世纪的德国经济上落后于英法,哲学上却远胜于英法;另外,古希腊哲学繁荣又与城邦奴隶制的经济生活的衰退交织在一起。第三,继承性。一方面,意识形态从统治阶级的根本利益出发,选择传统,改造传统;另一方面,传统也在不断更新着的意识形态中得到保存和延续。第四,相关性。各种意识形式在发展中既相互渗透、甚至相互融合,又相互排斥,甚至相互冲突。同样,不同国家的意识形态之间也存在着这种相关性。第五,先导性。在社会历史急剧变化的时期,新的宗教、哲学、艺术等意识形式常常充当革命的先导,从而给予经济关系、政治关系和社会生活以深刻的影响。恩格斯认为,18世纪的法国哲学和19世纪的德国哲学都起着这样的先导作用。如果说,旧的意识形态对社会发展和变革起着阻碍和滞后的作用,那么新的意识形态则会成长为新的经济关系、社会关系和政治关系的先导。

五是隐蔽性。马克思的意识形态概念是一个否定性概念,因为他认定它们的一个根本特征是用神秘的、扭曲的方式去反映现实世界。也就是说,意识形态与现实的关系不是一种真实的、相契合的关系,而是一种不真实的、掩蔽的关系。意识形态的悖论在于,它既要说出它所代表的统治阶级的根本利益,宣布这种利益是神圣不可侵犯的,又要竭力掩蔽这种根本利益,把人们的注意力转向细节或其他问题上。意识形态既要让人们知道它愿意让他们知道的东西,又要使人们不知道它不愿意让他们知道的东西。在诸多意识形态形式中,经济思想、法律思想、政治思想这三种意识形式与伦理、艺术、宗教、哲学等意识形式相比,其隐蔽性要相对地弱一些,因为这三种意识形式都直接反映现实的经济关系,统治阶级不得不通过这三种意识形式说出自己必须说出来的东西,当然这里也有障眼法,那就是通过抽象、普遍的概念去表达和辩护一部分的特殊利益。

（三）意识形态的基本功能

探析了意识形态的基本特征后，我们再来看意识形态在整个社会结构中的位置和功能。1859 年，马克思在《〈政治经济学批判〉序言》中有一段经典的论述："人们在自己生活的社会生产中发生一定的、必然的、不以他们的意志为转移的关系，即同他们的物质生产力的一定发展阶段相适合的生产关系。这些生产关系的总和构成社会的经济结构，即有法律的和政治的上层建筑竖立其上并有一定的社会意识形式与之相适应的现实基础。"[①] 这段话清楚地表明了马克思的社会结构思想，即任何社会结构主要都是由以下四大因素构成：社会生产—经济基础（即生产关系的总和）—法律的和政治的上层建筑（相当于政治社会或国家）—意识形态。这一结构表明，对于任何存在着阶级和阶级冲突的社会来说，意识形态都是整个社会结构的一个不可或缺的组成部分。实际上，社会再生产的过程也就是经济关系、国家关系和意识形态关系再生产的过程。在社会总体中，先进的意识形态推动社会向前发展，落后的乃至反动的意识形态阻碍社会向前发展。当不同的意识形态共居于一个社会总体内部时，必然会发生各种冲突，而经济冲突、政治冲突和意识形态冲突作为阶级斗争的主要表现形式，乃是有阶级和阶级冲突存在的社会向前发展的根本动力。后来葛兰西提出了社会生产——经济基础——市民社会（意识形态和文化领域）——政治社会（国家）的社会总体结构新模式，进一步肯定了意识形态批判和意识形态—文化领导权在西方工业社会革命中的决定性作用。

根据意识形态的概念和基本特征，意识形态功能可以做如下分析。一是维护功能。意识形态具有鲜明的阶级性，总是维护统治阶级的利益，反映统治阶级的思想。意识形态的首要功能就在于为一定的统治阶级、社会集团或整个国家提供"合法性"辩护，为社会的经济基础和上层建筑等进行"合理性"论证，以便从政治到思想等多方面维护和巩固一定阶级、社会集团或国家的合法统治

---

① 马克思，恩格斯．马克思恩格斯选集：第 2 卷 [M]．中共中央马克思恩格斯列宁斯大林著作编译局，译．北京：人民出版社，1995：32.

和管理。比如，资产阶级思想家、政治家总是竭力用人权理论、人道主义、自由主义等意识形态理论，论证资本主义制度的合法性，把资本主义世界说成是令人神往的自由世界。在资本主义社会里，意识形态明显地体现在资产阶级制定的国家法律上，资产阶级法律是维护资产阶级利益的工具。同时，统治阶级必然要批判、排斥各种异己的意识形态学说，为取得自身统治的"合法性"而斗争，其实质就是意识形态的斗争或者是革命。比如，西方资本主义的意识形态正面排斥其他意识形态，尤其主张反对马克思主义的意识形态。

二是导向功能。一定社会的意识形态，是一种利益关系的反映。也就是说，意识形态关系是以一定社会利益为依据的一种价值关系。意识形态作为理论化了的思想体系，也是一种对理想社会模式的信仰。为了共同的利益和共同社会理想，意识形态规定了人们社会活动的共同价值导向，统一意志、统一行动，以便取得更大的社会效应。因此，意识形态为人们的社会活动提供导向功能。人们改造世界时总是以一定的世界观为指导，所以思想总是处于领先地位。政治挂帅，实际上表明意识形态的超前导向功能。意识形态的导向功能能够引导人们朝着两个不同方向发展。正确的意识形态会引导人们积极向上，激发奉献精神；错误的意识形态引导人们消极颓废，诱发违法犯罪。先进阶级的意识形态引导人民群众摧毁落后旧制度，建立合理新制度；反动阶级的意识形态引导人们维护落后旧制度而顽固反抗。马克思恩格斯指出："国家本身教育自己成员的办法是：使他们成为国家的成员，把个人的目的变成大家的目的，把粗野的本能变成道德的意向，把天然的独立性变成精神的自由：使个人和整体的生活打成一片，把整体在每个人的意识中得到反映。"[①]这段话说明，意识形态既有导向功能，又有教育功能，而且两者是合二为一的。

三是教育功能。统治阶级总是希望培养出符合统治阶级意愿的公民，这是关系到统治阶级后继有人的问题。阿尔都塞指出，对于劳动力再生产问题，"正是通过对统治阶级意识形态的大规模教育包装着的多种知识的学习，资本主义

---

① 马克思，恩格斯. 马克思恩格斯全集：第1卷[M]. 中共中央马克思恩格斯列宁斯大林著作编译局，译. 北京：人民出版社，1995：118.

形态中的生产关系，即剥削与被剥削的关系，得以大量地再生产"。① 虽然阿尔都塞探讨的是资本主义社会意识形态的功能，实际上也是阶级社会中意识形态普遍具有的教育功能。

统治阶级为了让全社会接受他们的意识形态，取决于社会对意识形态的认可，取决于意识形态教育的好坏。没有教育，意识形态不可能被人们所接受，更不可能转化为行动准则。我国封建社会统治阶级宣传教育"忠""孝"，维护封建秩序。资产阶级提倡个人主义、利己主义，美化资本主义制度。社会主义意识形态广泛宣传集体主义精神，培育和践行社会主义核心价值观。

四是文化功能。在阶级社会里，意识形态总是与文化相互交融。意识形态的文化功能就是意识形态以文化为载体，以统治阶级的世界观、价值观为导向，按照统治阶级的意愿推动文化发展。在阶级社会里，具体表现为，一是文化生产在阶级社会中总是具有一定的狭隘性和特殊性。文化产品不会是自然界和人类社会客观规律呈现，而是适应统治阶级利益需要，其中很大部分表现为统治阶级的意识形态。同时说明意识形态影响和作用于文化生产，意识形态为文化生产提供氛围和环境。作为既定的环境，也制约着人们文化生产视野。二是意识形态的阶级思维，制约人类文化创新的方式。在阶级社会中，文化创新是统治阶级主导下进行的，意识形态生产和文化生产是同一过程的两个方面。不同的意识形态规范着统治阶级文化创新的方向，形成不同的文化评价体系和文化创新方式，决定着相应的文化活动的价值目标。

总之，考察以文化为载体的意识形态时，要坚持物质实践在意识形态发展演变中的决定性作用，也要看到文化为社会意识形态的发展提供了文化背景和土壤，这才是历史唯物主义态度。

五是整合功能。一定社会的意识形态体现一定阶级或社会集团的共同意志，是团体成员共同拥有的认知体系。一定社会的意识形态对其社会成员具有凝聚作用和整合功能，充当"社会水泥"，使其成员采取统一的行动。葛

---

① 李辽宁. 当代中国思想政治教育意识形态功能研究 [M]. 武汉：武汉大学出版社，2006：41.

兰西形象地指出："在保持整个社会集团的意识形态上的统一中，意识形态起了团结统一的水泥作用。"① 由于意识形态具有整合和凝聚功能，无产阶级争取权利的斗争主要是争取意识形态的领导权。整合功能主要表现在：一是提供社会价值认同，即执政党所倡导的主流意识形态。二是整合社会利益。一定社会或国家的意识形态，反映社会成员或民族国家的愿望，使社会成员认识到个人与国家、个体与共同体间利益攸关，从而产生强烈的聚合心理，并上升为共同信念和奋斗方向，转化为统一行动，达到社会、国家有效的内部统一和社会控制。

意识形态有各种功能，但绝不会截然分开，各种功能相互渗透，相互影响，形成合力。卢卡奇指出，"在资本主义时代里，历史唯物主义是一种武器"，"历史唯物主义的首要功能就肯定不会是纯粹的科学认识，而是行动。历史唯物主义不是目的本身，它的存在是为了使无产阶级自己看清形势，为了使它在这种明确认识到的形势中能够根据自己的阶级地位去正确地行动"。② 意识形态具有自己的独特功能，是战斗武器，更重要的是要落实，去行动。

二、主流意识形态与意识形态安全的科学内涵和功能分析

党的十九大报告指出："意识形态决定文化前进方向和发展道路。必须推进马克思主义中国化时代化大众化，建设具有强大凝聚力和引领力的社会主义意识形态，使全体人民在理想信念、价值理念、道德观念上紧紧团结在一起。"③ 意识形态作为国家和社会的"大旗帜"和"定海针"，有助于实现国家利益、维护社会稳定。在对意识形态问题进行深入探究时，要准确界定主流意识形态与意识形态安全的科学内涵，对其功能进行科学分析和有效把握，进一步发挥意识形态对国家和社会安全的积极作用。

---

① 葛兰西. 狱中札记 [M]. 北京：中国社会科学出版社，2000：83.

② 卢卡奇. 历史与阶级意识 [M]. 北京：商务印书馆，1998：313.

③ 习近平. 决胜全面建成小康社会夺取新时代中国特色社会主义伟大胜利——在中国共产党第十九次全国代表大会上的报告 [M]. 北京：人民出版社，2017：41.

（一）主流意识形态与意识形态安全的科学内涵

研究意识形态问题，就要着重对主流意识形态与意识形态安全的科学内涵进行有效界定。对于这两个概念的界定，当前在学界有许多不同的见解。要看到这两个学术概念作为重要的理论依据，正在被广泛地应用于实践，深刻地影响着国家和社会的稳定与发展。

1. 主流意识形态的科学内涵

对于主流意识形态内涵的科学界定，需要建立在准确把握意识形态内涵的基础上。所谓意识形态，就是一定社会的阶级、阶层或社会集团为巩固自身的统治所提倡的经济规则、政治观念、精神文化、思想舆论等的观念系统，它是由一定时期内占统治地位的阶级、阶层或社会集团所代表的经济形态、政治制度决定的。主流意识形态相较于意识形态，多了"主流"二字。对于"主流"一词的准确把握，是正确理解主流意识形态科学内涵的关键。首先，"主流"意味着其提出者是一定社会中占统治地位的阶级，一般来说统治阶级能够凭借其政治、资源等优势使其所依赖的意识形态理论成为主流；其次，"主流"意味着其能够被社会多数成员所接受和认同，只有意识形态理论得到社会成员的广泛接受和自觉认同，才能成为社会意识形态中占统治地位的主流意识形态。因此，主流意识形态就是统治阶级基于自身根本利益对社会关系自觉反映所形成的、为社会多数成员广泛接受和自觉认同的观念系统，它具有复杂的结构和丰富的内容。

主流意识形态是统治阶级基于自身根本利益对社会关系的自觉反映。马克思曾经指出："统治阶级的思想在每一时代都是占统治地位的思想。这就是说，一个阶级是社会上占统治地位的物质力量，同时也是社会上占统治地位的精神力量。"[①] 统治阶级所提倡的意识形态是为了维护其自身根本利益而存在的，是从阶级自身利益出发对社会关系的自觉反映。主流意识形态和统治阶级所提

---

① 马克思，恩格斯. 马克思恩格斯选集：第 1 卷 [M]. 中共中央马克思恩格斯列宁斯大林著作编译局，译. 北京：人民出版社，1995：178.

倡的意识形态不能够直接画等号，而是就一般情况来说，统治阶级所提倡的意识形态由于统治阶级自身的政治优势，相较于其他社会意识形态而言，更易成为主流意识形态。在统治阶级所提倡的意识形态和主流意识形态之间，有一个上升过程。要检验这一转换过程的实效性，即统治阶级所提倡的意识形态是否上升为主流意识形态，就在于其是否为社会多数成员所接受和认同。因此，主流意识形态还是为社会多数成员所广泛接受、自觉认同的。这就要求统治阶级所提倡的意识形态不光要反映统治阶级自身利益，还要关照最广大人民群众的根本利益。只有满足了社会多数成员的利益需要，才能使其自觉接受和认同统治阶级所提倡的意识形态，进而占据社会意识形态中的主导地位。在一定程度上，这一要求也与统治阶级自身性质和发展要求相契合。只有始终代表社会绝大多数人的根本利益和先进生产力发展方向的阶级才能成为一个社会的统治阶级，并且永葆自身的先进性和纯洁性，进而使得其所依赖的意识形态得到社会多数成员的广泛接受和自觉认同，成为社会的主流意识形态。主流意识形态还是一个由经济规则、政治观念、精神文化、思想舆论等构成的观念系统。它是系统自觉地反映社会经济形态和政治制度的观念系统，属于社会的思想上层建筑部分。统治阶级一般从认知、价值和策略层面提出经济、政治、文化等领域的思想观念，通过哲学、道德、法制、宗教、科技等思想艺术形式表现出来，使其所提倡的意识形态具有复杂的结构和丰富的内容。

2. 意识形态安全的科学内涵

意识形态安全问题，是伴随着经济全球化进程的日益推进，国与国之间文化交流的日益频繁产生的，具有社会历史性。正如马克思所说的："理论在一个国家实现的程度，总是取决于理论满足这个国家的需要的程度。"[①] 随着经济全球化的来临和文化生态格局的变迁，主流意识形态受到了外部冲击，大众意识中主流意识形态在逐渐淡化。在这种社会背景下，意识形态安全逐步成为时代的热点问题。对于意识形态安全问题的研究，也离不开对于意识形态

---

① 马克思, 恩格斯. 马克思恩格斯选集: 第 1 卷 [M]. 中共中央马克思恩格斯列宁斯大林著作编译局, 译. 北京: 人民出版社, 1995: 11.

理论的准确把握。意识形态安全主要是针对主流意识形态安全而言的，指的是一国的主流意识形态地位不受威胁，在和其他意识形态之间保持良性互动中保持着一种相对稳定的状态。

意识形态安全意味着主流意识形态地位不受威胁。"意识形态安全是指一国占主导地位的思想、政治意识不受到任何外来与内在的侵害，并使其能稳定存在和健康发展。"[①] 主流意识形态是在各种社会意识形态中占主导地位的意识形态，对于其他社会意识形态具有指导作用。维护主流意识形态的主导地位，使其不受其他社会意识形态，尤其是消极社会意识形态的腐蚀、破坏和歪曲，对于保证国家意识形态安全具有积极作用。在全球化背景下，市场竞争的利益陷阱、全球化下的话语霸权、多元化社会思潮的复杂交织冲击着主流意识形态的主导地位，越来越多的人逐渐模糊政治立场、缺少道德荣辱感、失去正义价值观。主流意识形态正面临着棘手的现实境遇，如果不能够对社会利益关系的内在矛盾进行科学有效的分析并找出其客观规律，不能够以最广大人民群众的根本利益为出发点和落脚点，主流意识形态将失去理论和现实力量，成为意识形态战役中的"落败者"，严重影响着国家意识形态的安全。

意识形态安全意味着主流意识形态和其他意识形态之间保持良性互动。意识形态安全除了意味着保持主流意识形态的主导地位不受威胁，使其能够继续发挥着在国家政权、文化、价值观念等方面的指导地位以外，还意味着要处理好一元和多元的关系，使得主流意识形态和其他意识形态之间保持良性互动的和谐状态。主流意识形态在社会意识形态中占主导地位并不意味着其他社会意识形态完全不发挥任何作用，不能把主流意识形态的主导地位绝对化。要在确保主流意识形态一元地位的同时，积极营造健康的多元文化环境，推动主流意识形态与其他社会意识形态进行良性的交流和互动。在这一过程中，主流意识形态能够借鉴和吸收其他社会意识形态中的合理成分，不断丰富自身内涵，体现系统性和时代性。与此同时，其他社会意识形态也能够在主流

---

① 刘跃进 . 国家安全学 [M]. 北京：中国政法大学出版社，2004：34.

意识形态的领导下明确自身发展的正确方向，始终在社会主义发展的轨道上完善自身。

意识形态安全意味着一种相对稳定的状态。这种相对稳定的状态是在保证主流意识形态的主导地位、保持主流意识形态和其他意识形态之间的良性互动中形成的，它需要统治阶级的合法性来确保。"任何一种政治系统，如果它不抓合法性，那么，它就不可能永久地保持住民众对它所持有的忠诚心。也就是说，就无法永久地保持住它的成员们紧紧地跟随它前进。"① 这一合法性主要体现在统治阶级对理论的科学把握和对现实的深切关注中，统治阶级要对自身所依赖的理论体系进行深刻认识，从最广大人民群众的根本利益出发来完善理论，并应用于现实实践。只有这样，主流意识形态才能稳固自身的主导地位，在与其他意识形态的良性互动中保持一种相对稳定的状态。这种相对稳定的状态主要体现为一国在指导思想、政治信仰、道德秩序和民族精神四个方面的安全，它们共同构成了意识形态安全的主要内容，对于维护国家安全和维持社会稳定具有重要作用。

（二）主流意识形态与意识形态安全的功能分析

在对主流意识形态与意识形态安全科学内涵进行界定的基础之上，要对主流意识形态与意识形态安全的主要功能进行科学分析，要看到主流意识形态与意识形态安全对于国家、社会和大众的积极作用。这不仅有利于意识形态理论的自我完善，还有利于当前国家和社会的长远发展。

1. 主流意识形态的功能分析

"一定的文化（当作观念形态的文化）是一定社会的政治和经济的反映，又给予伟大影响和作用于一定社会的政治和经济。"② 主流意识形态作为社会的思想上层建筑部分，必然也要为一定社会的政治上层建筑和经济基础服务。

---

① 哈贝马斯.重建历史唯物主义[M].郭官义，译.北京：社会科学文献出版社，2000：264.

② 毛泽东.毛泽东选集：第 2 卷[M].中共中央文献研究室，编.北京：人民出版社，1991：663.

对于主流意识形态功能的分析，主要从以下三方面展开。

第一，主流意识形态有利于稳固政权。主流意识形态是统治阶级所提倡和依赖的社会意识形态，它反映了统治阶级自身的根本利益，充当着为统治阶级的政权合法性进行论证和辩护的功能。"所谓合法性，就是政府基于被民众认可的原则的基础上实施统治的正统性或正当性。"[1] 主流意识形态的本质就在于其维护统治阶级的统治，它能够论证和维护统治阶级所建立的一套社会制度和社会生活，并对妨碍它的其他社会制度和社会生活进行批判，为统治阶级存在的合理性和合法性进行强有力的辩护。这是使得外在的强制转化为社会多数成员内心认同的最佳方式，它能够使社会多数成员认识到现行政治制度是合乎正义的、行之有效的制度，只有遵循主流意识形态所倡导的价值观念和行为准则，才能真正实现最广大人民群众的根本利益。

第二，主流意识形态有利于整合社会。"在保持整个社会集团的意识形态上的统一中，意识形态起到了团结统一的水泥作用。"[2] 主流意识形态是一种科学系统的理论体系和价值体系，它能够协调不同社会主体的思想价值观念和社会利益关系，为人们提供统一的价值目标和行为指南，进而使之成为一个有机的社会整体。在一定社会当中，不同社会主体之间的社会利益关系是复杂的，其思想观念和价值观点也是有差异的，这就需要一个统一体来进行有效的整合和凝聚，形成一种良好的社会秩序。主流意识形态就发挥着整合社会的功能，主要表现在经济、政治和文化等领域。在这些领域，主流意识形态能够协调、整合和凝聚不同社会主体的思想观念和利益关系，如效率与公平、民主与法治、大众文化与精英文化等，进一步发挥"调节器"和"稳压器"的作用。

第三，主流意识形态有利于动员大众。主流意识形态具有引导和教化社会大众思想和行为的作用，能够使之符合统治阶级所认可和提倡的价值目标和行为准则，进而动员社会成员为实现目标而采取相应的行动。一般来说，主流意识形态既反映统治阶级自身的根本利益，又"把自己的利益说成是社会全体成

①　燕继荣. 政治学十五讲 [M]. 北京：北京大学出版社，2004：145.

②　宋惠昌. 当代意识形态研究 [M]. 北京：中共中央党校出版社，1993：24.

员的共同利益"①，尽可能反映社会其他阶级、阶层或利益集团的切身利益。这在一定程度上能够使社会多数成员正确认识到个人利益和社会利益之间的统一关系，明确个人利益的实现离不开社会整体的保障，社会利益的实现也要关注个人利益。在此基础上，社会多数成员能够在主流意识形态的指导下形成正确的价值目标和社会理想，明确实现这一目标和理想的现实途径，为社会整体的和谐发展而努力奋斗。

2. 意识形态安全的功能分析

意识形态安全是国家安全的重要组成部分，是当前党和国家领导人多次强调的重要现实课题。维护意识形态安全，对于保持主流意识形态的生命力、提升社会整体的凝聚力和增强国家竞争的软实力都具有积极促进作用。

第一，意识形态安全有利于保持主流意识形态的影响力。在多元文化交流融合的大背景下，意识形态安全有利于保证主流意识形态的主导地位，能够在处理好一元和多元关系的前提条件下继续发挥主流意识形态的指导作用，进一步维持其影响力。具体来说，意识形态安全有利于主流意识形态自身主导地位的巩固。意识形态安全意味着主流意识形态确保了自身的一元地位，巩固了统治阶级的执政地位，使得其执政理念能够得以贯彻和执行，进一步稳固国家政权。在与其他社会意识形态的碰撞和交流过程中，意识形态安全也保证了主流意识形态继续发挥着"坝闸开关"的作用。坝闸一开，保证多种社会意识形态的平等交流和积极融合；坝闸一关，隔绝掉敌对势力的反动舆论，保持统治阶级所提倡的主流意识形态的"纯净性"和"权威性"，进而持续发挥主流意识形态的引导力、凝聚力和影响力。

第二，意识形态安全有利于提升社会整体的凝聚力。"尽管有一整套不变的规则、检查程序和惩罚措施，在限制个人行为程度上仍存在着相当的可变性。

---

① 马克思，恩格斯.马克思恩格斯选集：第1卷[M].中共中央马克思恩格斯列宁斯大林著作编译局，译.北京：人民出版社，1995：180.

社会强有力的道德和伦理法则是使经济体制可行的社会稳定的要素。"①意识形态安全使得主流意识形态在社会整体价值体系中占据核心地位，为社会成员的思想和行动提供了正确的价值导向，有利于提升社会整体的凝聚力。一方面，意识形态安全所维护的主流意识形态能够在潜移默化中内化为社会成员的世界观、人生观和价值观，使之成为他们的价值评判标准和行为规范，使他们自觉地按照主流意识形态的要求去思考和处理问题。另一方面，意识形态安全所维护的主流意识形态能够在个性中寻找共性因子，协调社会主体之间的矛盾和差异，构筑社会整体发展的远大理想和宏伟目标，并指明实现社会理想的现实路径，进而勾画出一幅宏伟壮阔的社会蓝图和灿烂前景。

第三，意识形态安全有利于增强国家竞争的软实力。当前国与国之间综合国力的竞争日益激烈，文化越来越成为综合国力竞争的重要因素。"文化软实力"这一名词的提出，也给衡量各国综合国力和国际地位提供了标准和尺度。对于意识形态安全来说，它是与文化软实力紧密联系在一起的，意识形态的安全与否直接决定着文化软实力的强弱。意识形态安全所维护的主流意识形态并不是一味地通过强制性的政治统治来使社会成员产生认同感和归属感，它一直致力于如何变政治领导的硬性控制为文化领导权的软性控制这一现实课题的探究。只有这样，才能够使得社会多数成员自觉自愿地服从于现存统治秩序，进而将主流意识形态内化为自身的价值观念，外化为自身的行为方式。也只有这样，统治阶级所倡导的社会制度优势才能够被最大限度地显现出来，在国际社会得到接受和认可，进一步增强国家的综合国力、提升国家的国际地位。

（三）马克思主义意识形态的科学内涵及功能

社会主义国家的指导思想是马克思主义，因此，马克思主义意识形态就是社会主义国家的主流意识形态。正确理解马克思主义意识形态的科学内涵及功能，是加强我国意识形态安全的前提和基础。

---

① 诺思.经济史中的结构与变迁 [M].陈郁，罗华平，等，译.上海：上海人民出版社，1994：180.

1. 马克思主义意识形态的科学内涵

马克思主义意识形态的科学内涵，就是作为意识形态的马克思主义是当代社会主义国家的观念上层建筑。其主要表现在：一是坚持马克思主义的指导地位。习近平指出："要巩固马克思主义在意识形态领域的指导地位，巩固全党全国人民团结奋斗的共同思想基础。"① 二是坚持社会主义核心价值观的主导地位。中国共产党作为中国执政党，占据精神统治地位的就是创建了社会主义核心价值观。党的十八大指出："社会主义核心价值体系是兴国之魂，决定着中国特色社会主义发展方向。要深入开展社会主义核心价值体系学习教育，用社会主义核心价值体系引领社会思潮、凝聚社会共识。"② 倡导富强、民主、文明、和谐，倡导自由、平等、公正、法治，倡导爱国、敬业、诚信、友善，积极培育和践行社会主义核心价值观。三是坚持中华民族优秀传统文化的基础地位。马克思主义实现中国化，必须紧密结合中国文化。党的十八大以来，习近平总书记不断推进中华优秀传统文化与马克思主义主流意识形态的深度结合。四是强化社会大众接受马克思主义的主体地位。这就要求坚持"二为"方向、"双百"方针、"三贴近"原则的实践定位。

2. 马克思主义意识形态的功能

苏联解体，中国不倒，原因在于中国找到了中国特色社会主义道路，"就是因为我们有理想，有马克思主义信念，有共产主义信念"③。马克思主义意识形态具有重要的功能。

一是建设好中国特色社会主义的内在要求。中国共产党人不断推进马克思主义中国化，在新的历史条件下孕育了社会主义理论到社会主义的伟大实践，取得举世瞩目的成就。马克思主义理论特别重视发展生产力，这是坚持马克思主义意识形态指导地位的现实起点。马克思主义与中国工人运动相结

① 习近平. 胸怀大局把握大势着眼大事，努力把宣传思想工作做得更好 [N]. 人民日报，2013-08-21（1）.

② 中国共产党第十八次全国代表大会文件汇编 [M]. 北京：人民出版社，2012：29.

③ 邓小平. 邓小平文选：第 2 卷 [M]. 北京：人民出版社，1993：110.

合，诞生中国共产党，这是坚持马克思主义意识形态指导地位的根本保障。社会主义生产的目的就是让全体劳动者过上最美好最幸福的生活。邓小平认为，社会主义的本质最终是达到共同富裕，这是马克思主义意识形态指导地位的价值诉求。

二是实现中华民族伟大复兴的中国梦的现实需要。鸦片战争以来，中国志士仁人一直探索中国出路。走什么路，举什么旗一直困扰着中国革命的先行者。毛泽东曾经说过，人是要有一点精神的。民族复兴同样需要精神引领。在长期的探索中，中国人找到了民族复兴的伟大精神。那就是要坚持马克思主义中国化最新成果武装全党、教育人民，培育和践行社会主义核心价值观，夯实中国特色社会主义共同理想的思想基础，坚持以爱国主义为核心的民族精神和以改革开放为核心的时代精神。

三是顺应人类社会发展规律，引领世界发展潮流。马克思主义意识形态可以有效应对西方价值观全球扩张，可以在制度竞争中彰显社会主义优势，可以在世界快速发展过程中抵御风险，可以应对 2008 年以来的金融风险以及全球经济社会危机。

第二节　首都意识形态安全在国家意识形态安全中的地位和作用

意识形态工作是一项极端重要的工作，关乎党和国家的精神支柱和灵魂，关乎党的前途命运、国家长治久安和人心向背。当前中国意识形态安全面临着西方政治文化、价值观念等带来的威胁和挑战，意识形态安全问题不断凸显出来。首都北京作为全国政治中心、文化中心和国际交流中心，始终站在意识形态交流、交融、交锋的第一线。做好首都意识形态工作，对全国具有"定盘星"和"压舱石"的作用。

一、北京是全国意识形态工作的重要阵地，首都稳才能全国稳

随着社会发展进入新常态阶段，中国社会经济成分、组织形式、就业方式、思想观念、价值取向日趋多元，北京的意识形态工作，不仅是全国意识形态工作的重要组成部分，而且对其他省区市具有重要示范意义。党的十八大以来，北京市努力提高做好意识形态工作的能力，认真总结我们党做意识形态工作的成功经验，充分调动各方力量、运用各种资源，构建大宣传格局，打出"组合拳"，打好主动仗，牢牢掌握在互联网战场的话语权、主动权，意识形态安全领域"首都稳则全国稳、首都安则天下安"的良好发展态势已初步形成。

二、北京是境外媒体舆论关注我国意识形态风向的首选标杆，是开展对外意识形态工作的窗口

首都北京是中外各种势力进行意识形态领域斗争的前沿阵地。在中外文化交流过程中，北京一方面是中国的第一张名片，代表着中国的形象；另一方面，北京是外国文化走进中国的桥头堡，国际大型交流活动往往首先在北京开展。从这个意义说，北京是中外文化交流的窗口和集散地，中国文化从这里走向世界，世界文化通过这里走进中国。北京还是"一带一路"中线的起点，是连接欧亚大陆的重要节点，在"一带一路"建设中占据重要地位。党的十八大召开以来，首都的意识形态领域从来没有平静过，斗争没有停止过，特别是境外媒体、境内外势力遥相呼应、积极发声较量，意图影响首都以致企图左右我国意识形态走向，出现了许多值得高度关注和重视的新情况和新动向。及时、准确、科学地研判首都意识形态安全领域境外舆论新形势新动向新特点，采取切实有效的应对措施，对于做好首都新时期意识形态工作具有重要意义。

三、北京城市发展战略定位不断明确，决定了在全国意识形态发展中的地位和作用不断强化

北京市委市政府多次强调首都稳则全国稳，并切实围绕落实首都城市战略定位、增强首都核心功能。北京是中国的政治中心、文化中心、国际交流中心和科技创新中心，是国家金融决策、管理、信息、服务中心，国内外总部集聚地和科技创新策源地，教育文化智力密集区，历史文化传承丰厚的世界著名古都，拥有独具魅力的人文氛围，这些都是国内任何城市无法比拟和无法替代的。随着打造京津冀"现代化新型的首都圈"，实际上北京作为我国政治中心的地位被再次强化了。面对城镇化、国际化、信息化带来的机遇和挑战，必须进一步解放思想，坚持用改革的办法解决前进中的问题，努力将首都建设成国际活动聚集之都、世界高端企业总部聚集之都、世界高端人才聚集之都、中国特色社会主义先进文化之都、国际一流的和谐宜居之都。所以，北京应该以更高的标准和更大的尺度来推进京津冀一体化发展，更好地发挥首都北京在区域和全国发展中的核心、引领和带动作用。

四、北京是全国思想文化的战略高地，对全国具有最强的辐射效应

首都北京掌握着意识形态的主导权，这首先是由北京作为全国文化中心的地位决定的。北京市集中了全国最多的高校和科研院所，人才优势明显；互联网基础资源发展居于全国领先地位。国内最大的门户网站，如新浪、搜狐、腾讯、百度等，几乎都在北京，形成强大的民间舆论场。北京作为中国"网都"，在网络舆论方面具有特殊的地位，往往处在中国网络舆情关注的中心位置甚至是舆情发源地。北京集中了各方面利益和价值群体的代表人物，各种思想的碰撞更为激烈。因此，首都北京的思想道德文化在总体上呈现多元、多变、多样的特点。近年来，北京城市经济社会快速发展和城市现代化进程不断增强，中央和北京市高度重视北京作为全国文化中心的文化建设和城市建设问题。中央

要求北京要努力建设中国特色社会主义先进文化之都，积极发挥首都作为全国文化中心示范作用。这就决定了，首都的文化建设发展承担着国家文化价值导向的职责，是国家和民族文化价值和文化精神的承载中心和传播中心，先进文化之都理应建成价值导向之都。

五、"四个服务"职能发挥，决定了北京是全国意识形态的主阵地、主战场、主力军

北京作为我国首都和国际交流中心，要着眼于更好地为党政军领导机关服务，为日益扩大的国际交往服务，为国家教育、科技、文化和卫生事业服务，为市民的工作和生活服务。首都工作的职责和使命重大，要用历史的眼光，从全局和战略的高度认识当前的经济形势，自觉把北京的发展放在京津冀协同发展国家战略当中，全面推动城市更高水平、更可持续发展。中央要求首都要做好"四个服务"，就是要求首都要在经济、政治、文化、社会、生态和党的建设的各个领域，在改革发展稳定的各个方面都努力走在全国的前列。强化首都意识形态安全，就是要牢记首都职责使命、坚持做好"四个服务"，自觉担当中央赋予北京市的重大政治责任。全国意识形态的主阵地、主战场、主力军的特殊地位，决定了首都北京的意识形态工作在想问题、作决策时，必须不断强化政治意识、大局意识、核心意识和看齐意识，必须自觉地把握首都城市的性质功能，充分考虑首都在世界和全国的影响、地位和作用，更加积极主动地以更高的标准做好各项工作。

第二章　当代中国意识形态建设的
探索历程与基本经验

　　纵观当代中国的意识形态建设，经历了一个曲折探索的艰难历程。改革开放前，以毛泽东同志为核心的党的第一代领导集体确立了马克思主义意识形态在我国的指导地位，推动了新中国社会主义制度的建立和完善，但经历了较大的波折。改革开放 40 年来，面对不同时期的复杂国际、国内形势，以邓小平、江泽民为核心的党的第二代、第三代领导集体和以胡锦涛为总书记的党中央、以习近平同志为核心的党的新一代领导集体提出了一系列意识形态建设思想，引领了新时期中国社会主义现代化建设的发展方向，留下了宝贵的经验。

第一节　中国古代意识形态建设的主要特征

　　中国传统文化内涵丰富，不同思想流派交流融合共同构建了中华文化。春秋战国时期的百家争鸣，为中华文明的繁荣发展奠定了坚实基础。其中儒学自孔子创立以来，经过后世不断改造与时代化发展，确立了其在封建社会意识形态领域的主导地位。之后，儒学一直作为中国二千多年封建社会的主导性意识形态，成为中国传统文化思想体系的核心组成部分，深刻影响了中国历史的发展进程。中国古代的统治者很早就认识到思想观念对于夺取和巩固执政地位的重要性，经过探索、发展形成了一整套加强意识形态管理的思想、制度、方法等，呈现出鲜明的时代特质。

一、与经济形态相适应

任何一种意识形态的产生都离不开一定的经济土壤，这是意识形态产生的物质基础条件。经济基础决定上层建筑，意识形态作为上层建筑的重要组成部分，是经济基础的产物并具有相对独立性。中国古代之所以形成儒家主导的意识形态，从根本上来讲，是由自给自足的自然经济所决定的。自然济形态是一种不以交换为目的的生产方式，而是一种以生产使用价值为目的的生产方式，它有着一系列特征。中国两千多年的封建社会，限于生产力的发展水平，尤其是囿于生产工具的发展水平，生产技术落后，生产规模较小。在这样的生产能力基础上，单凭个人难以完成满足日常需要的农业生产任务，必须诉诸协作来加以完成，与之相适应产生了以家庭为基本单位的生产方式。在这种生产方式中，土地在农业生产中扮演着关键性角色，成为维系人们生存的主要因素。追溯人类发展的历史就可以发现，随着生产力的逐步提升，由母系社会转变为父系社会，从根本上来讲是由父系社会更符合生产力发展需要所决定的。由于男性在体力方面的优势使其成为传统家庭中的主要劳动力，由此形成了人们对农业生产、土地资料、男性家长的依赖。

经济社会的运行方式直接影响甚至决定了人们的思想观念和行为取向。经过长期发展，自给自足为主要特征的自然经济，对人们的思维方式、心理状态和行为习惯也产生了深刻影响。古代社会以土地为主要生产资料，以个人劳动为生产基础，以男性家长作为主要劳动力，基于如此落后的生产条件，这就形成了以下三种现象：一是对土地的依赖形成了安于农业的心理。两千多年的封建社会，农业生产是古代社会主要的经营方式，而土地又是人们从事农业活动的主要生产资料，获得土地并进行农业生产成为个人维持基本生存需求的主要途径，于是人们内在地逐渐形成了对农业生产和土地的依赖，并在此基础上形成安于现状、安土重迁的心理。二是对家族的依赖和敬天崇古的心理。限于生产能力低下必须诉诸家庭协作的现实，形成了对家庭宗族的依赖，并在此基础上形成了敬天尊祖、崇古崇长的心理。三是对男性地位的依赖。由于男性在农业生产中的主导性地位，长期以来形成了对男性家长的依赖，并在此基础上形成了依附心理。

换言之，在自然经济状态下农业生产的长期发展，逐渐形成了以宗法血缘关系为核心的伦理性的社会心理，而这正是儒家学说的内在本质和主要内涵。正是自然经济的长期发展，以及在此基础上形成了对农业、土地和男性的依赖心理，共同为儒家学说的产生、形成与发展，提供坚实的经济基础、阶级基础和社会基础。因此，一方面，自给自足的自然经济为儒家思想实现意识形态化提供了社会经济基础；另一方面，儒家思想也理论化、系统化地反映了中国古代社会生活方式所孕育的心理状态和精神取向。

二、与社会结构相融合

以儒家思想为核心的中国古代意识形态与古代中国的社会结构具有深刻的内在契合性。正如有学者指出："小农经济、宗法族制、专制王权、儒家学说相互交织构成了中国封建社会非依靠外力而不可冲破的超稳定结构的基本支撑体系。"[①]中国封建社会之所以能够长期维持超稳定结构，和古代意识形态与宗法等级制深相融合有着密切的关系。自然经济的长期发展造成了对农业生产、土地和男性的深刻依赖心理，进而演变成依附性的思维方式。在这种思维逻辑的作用下，衍生出了宗法家族制度，这种制度的发展逐渐上升到国家层面，成为维系政治统治的重要机制。而儒家思想是以宗法伦理为核心的思想体系，既是对宗法制的主观反映，也对现实的宗法制发挥着巩固作用，并通过自身的伦理学说将其理论化，为宗法制维持稳定状态提供了合理性依据。

从历史性角度审视，宗法等级是我国古代社会的基本结构。自原始社会解

---

① 黄清吉 . 儒学国家意识形态化的成因探析 [J]. 湖北社会科学，2004（1）.

体以来，人类社会就进入了阶级社会。阶级社会后，既有的社会形态中都可以划分为不同的阶级，各自代表和维护着本阶级的利益，利益相悖必然导致矛盾的出现。在奴隶社会是奴隶阶级与奴隶主阶级之间的矛盾，在封建社会是农民阶级与地主阶级之间的矛盾，而在阶级内部仍存在基本的一般性结构形式，这就是宗法等级制。中国的宗法制度从我国的第一个王朝夏朝开始萌芽，经过商朝的逐步完善，到西周时期基本成型，有了基本的规范和相应的礼仪制度。在自给自足的自然经济基础上，产生和形成的父权夫权依赖性，反映到社会结构层面逐渐形成宗法制。这种宗法制度起源于原始社会父系家长制时期，其间形成的血缘亲属制度，其显著的标志就是家族本位意识。从宗族内部来审视，家长在家族以及宗族中享有最高威望，加之男性在农业生产中的主导地位，因此男性家长在宗族内部有着绝对的权威，这也是上层建筑对经济基础的一种反映。局部的和具体层面的家长制是整个社会结构的一个缩影，并且这种宗族等级思维观念和心理定势推广到整个社会，进而形成了以宗法伦理为核心的等级制度。从普通百姓到皇室王族都要遵循这种伦理规范，因此宗族等级制就不仅是处理家庭和宗族关系的基本准则，也成为整个社会的行为准则。在以家长制为基础的宗法关系网络中，在政治国家层面演化出了族权与君权融合的政治关系。族权统治与王权统治的结合，在客观上呈现出宗法伦理制度与专制主义政治互为表里的效果。这从另一个层面反映了上层建筑之间不同部分的相互作用。

儒家思想为家国同构的现实提供了合理论证。儒家思想是以宗法伦理为核心的学说，将这种基于自然经济形成的社会组织结构，进一步系统化为一定的理论形态。儒学作为一种理论体系，不仅有着丰富的思想内涵，还蕴含着深刻的内在逻辑。"礼""仁""天"，"它们像三根柱梁一样，支撑起儒家学说的理论大厦"。[①] 其中"礼"代表一种社会观，"仁"代表一种价值观，"天"则代表一种哲学观。从孔子创立儒家，经过后世儒家的深入发展，尤其是经过

---

① 金观涛，刘青峰. 兴盛与危机——论中国社会超稳定结构 [M]. 香港：香港中文大学出版社，2003：242.

西汉时期董仲舒的深入改造之后，儒家思想不仅是处理社会伦理关系的理论，更逐渐成为统治者维持政治秩序的重要手段。汉武帝时"罢黜百家，独尊儒术"，确立了儒学在诸多流派中的主导地位，并将儒学定位官学，设立太学等，从而确立了儒学作为中国封建社会主流意识形态的地位。在儒学的发展历程中，儒家思想不仅在儒者中进一步发扬，更是受到历代统治者的高度重视，将其作为治理国家的重要理念，贯穿于朝纲礼仪、典章制度、礼乐刑政、政治教化之中，其中"三纲五常"等伦理规范更是成为统治者治理国家的基本标尺。

三、与政治统治相结合

中国古代的意识形态是维系王权政治统治的重要工具。儒家思想之所以能够成为古代中国的主流意识形态，最为重要的原因是满足了王权统治的需要。正如梁启超在《中国古代学术思潮之演变》中分析了独尊儒学的原因，认为儒学中倡导"讲等级、明秩序、尊君主"的做法对于王权统治最为需要，指出："既贵一尊矣，然当时百家莫不自思以易天下，何为不一于他，而独 于孔？周末大家，足与孔并者，无逾老墨，然墨氏主平等，大不利于专制，老氏主放任，亦不利于干涉，与霸者所持之术，固已异矣。惟孔学则严等差，贵秩序，而措而施之者，归结于君权，……其所以干七十二君，授三千弟子者，大率上天下泽之大义，扶阳抑阴之庸言，于帝王驭民最为合适，故霸者窃取利用之，以宰制天下。"[①]政治儒家思想满足了帝王驭民的需要，维系了等级制度，保障了帝王尊贵思维，论证了其合法性，才使得儒家思想得以长期处于古代意识形态的主导地位。

道家和墨家两个重要的思想流派之所以未能成为封建社会主流意识形态，与其理想目标有着紧密联系。正如梁启超进一步分析认为，"抑诸子之立教也，皆自欲以笔舌之力，开辟途径，未尝有借助于时君之心，如墨学主于锄强扶弱，势力愈盛者，则其仇之愈至，老学则刍狗万物，轻世肆志，往往玩弄王侯，以

---

① 蔡尚思.中国传统思想总批判（附补编）[M].上海：上海古籍出版社，2006：16.

鸣得意。然则彼其学，非直霸者不取之，抑先自绝也。孔学不然：以用世为目的，以格君为手段，故孔子及身周游列国，高足弟子，交友诸侯，为东周而必思用我，行仁术而必籍王齐，盖儒学者，实与帝王相依附而不可离者也。"① 中国古代意识形态演变经历了一个漫长的过程，儒家思想之所以能够成为中国古代的主流意识形态，不仅在于它适应了自然经济基础上的经济形态和宗法制的社会结构，更为重要的是儒家思想成为统治者维护自身统治的重要工具。

同时，儒家思想具有强大的兼收并蓄的能力，能够根据时代的需要及时进行自我调适。"儒家有强烈的社会历史责任感，能够随时代需要的变化而不断改变面目"②，正因为如此，儒家思想才能和中国古代超稳定的社会结构相辅相成。儒家思想在其发展过程中，并不是停滞僵化、举步不前的，而是在其他文化的猛烈冲击下，不断地进行自我调适。因此，儒家思想不仅没有失掉在中国古代意识形态中的主导地位，相反，在不断吸收借鉴其他文化的基础上实现了新的发展，通过一系列的"儒化"过程，实现了"汇通儒学"的过程。这是因为古代中国的经济形态和社会结构没有发生深刻根本性变化，依然以运行着自然经济基础上的宗法制，儒家思想与这种社会结构的契合性决定了其存在的必然性。此外，自隋朝开始创立的科举制度，使得儒学成为阶级阶层流动的关键抓手，故而成为沟通统治者与普通民众的必然中介。纵观中国历史可以发现，正是儒家思想本身所具有的渗透、吸附、同化功能，加之其在群众中的崇高地位和高度认可，因而成为历代统治者高度重视的治国之道。

四、思想控制高度集中

加强思想控制是统治者维持自身统治的需要。中国古代的意识形态的本质是为了维护王权统治。秦统一六国之后，为了加强大一统的政治局面，秦始皇曾接受法家思想，在思想领域进行严厉钳制，甚至出现"焚书坑儒"的现象。

---

① 蔡尚思.中国传统思想总批判（附补编）[M].上海：上海古籍出版社，2006：17.

② 赵兴彬.汉武帝"罢黜百家，独尊儒术"辨正 [J].历史教学问题，1996（3）.

但是由于秦王朝的种种暴行，致使其迅速灭亡。其中一个原因就是这种思想控制形式过于严苛，进而难以被社会所认可。而汉王朝建立后，吸取秦朝灭亡的教训，将儒家思想作为治国的基本理念，开启了儒学主导意识形态的漫长封建历史。儒学在中国的封建社会中扮演了一个关键性角色，在与封建王权统治深层互动的同时，儒家思想以其独特的亲民性潜移默化地渗透进社会生活的各个方面。其中，民本思想使儒家思想具有天然的亲和力，比如孔子倡导的"仁政"，孟子主张的"民为贵，社稷次之，君为轻"，以及作为统治者的唐太宗提出"水能载舟，亦能覆舟"等，都表达了民本理念。这些思想深刻影响并塑造了民族精神和社会心理，并形成了较为广泛的价值认同，因此，以这种形式进行意识形态的宣传更具有针对性和长效性。

儒家意识形态对思想的控制具有全面性、多样性的特点。从强化意识形态管理的不同主体来看，统治者分别采取了不同的掌控机制，从而实现对意识形态的集中把控。首先，从统治者的角度来看，确立儒家思想独尊地位，通过编书修史将其基本理念注入其中，也有时通过编书排除打压异见等；其次，从士绅阶层角度来看，通过科举制度将社会精英纳入到统治阶级，并通过儒家经典起到统一思想的作用；再次，从普通民众的角度来讲，通过一系列的伦理规范、等级观念将民众纳入到统治秩序之中。这样以儒学为主的意识形态不仅具有了坚实的阶级基础，还有效增强了社会基础。

儒家思想不仅通过自身的合理性，不断论证、提升其思想的控制力，还通过各种具体手段强化思想控制。随着专制制度的不断发展强化，尤其是到了清朝时期，文字的禁忌越来越多，甚至出现了"文字狱"的历史现象。这种历史现象涉及的人数众多，处罚极为严重，在历史上造成了极为严重的影响。其中乾隆二十二年，河南布政使彭家屏与生员段昌绪因家中私藏《明末野史》《崇祯政事》等多种违禁图书而被处决。礼部尚书沈德潜《咏墨牡丹》诗中有"夺朱非正色，异种也称王"的句子，也被乾隆认为对清朝廷的影射攻击。当时沈德潜已去世,于是开棺剖尸。① 此外,统治者对于思想的控制还深入到艺术领域,将艺术形式表达的内容与政治统治紧密结合,成为中国古代意识形态管理的重要特点之一。

五、注重教育教化作用

中国古代意识形态还十分注重教育教化作用。重视教育的因素有着深刻的历史逻辑,一方面,儒家自创立之时起,就高度重视对民众的教化。孔子首创私学,打破官学垄断的局面,推动了教育的平民化,起到良好示范作用,并形成了良好的教育传统;另一方面,统治者充分认识到教育对于巩固政治统治的重要性。西汉时期董仲舒便认为,对民众进行教化是做君主必须要干的三件大事之一:"是故王者上谨于承天意,以顺命也;下务明教化民,以成性也;正法度之宜,别上下之序,以防欲也;修此三者,而大本举矣。"② 由于教育在人的社会化尤其是政治社会化中扮演着重要角色,在古代中国社会也是获得一定社会地位的重要手段,因此,统治者利用儒家思想,将教育制度与科举制度紧密衔接,成为民众突破阶级界限的必然诉求。通过教育进行意识形态的宣传也更为高效,这也是统治阶级重视教育的重要原因。

儒家思想的基本主张逐渐成为约束人们的价值规范和行为准则,经历了一个儒学化的过程。儒家思想经过与自然经济形态、宗法制社会结构和王权政治统治相结合,形成了一系列的政治理念、礼乐规制、道德规范与教育方式,成为"修身、养性、齐家、治国、平天下"的核心规范和基本准则。这些价值理念和行为规范作用的发挥首先要引起人们的认同,才能内化于心,外化于行。同时儒家思想具备的亲民性和世俗性的特点,为教育制度的确立提供了内在条件。由于儒家思想在意识形态中主导地位,中国封建社会时期的教育经历了一个儒学化的过程,最为显著的就是西汉时期。西汉时期,一方面重视学校教育

---

① 王子今. 中国古代的意识形态管理 [J]. 政治学研究,1988(2).

② 班固. 汉书·董仲舒传 [M]. 郑州:中州古籍出版社,1991:415.

的儒学化，汉武帝创建了中央太学和地方郡国学两级官学，另一方面重视社会教育的儒学化，社会教育也以儒学为指导，其中最为突出的表现就是对儒学孝道的推崇。封建统治者正是通过教育制度将儒家的思想理念和行为规范转化为民众的认知，以实现对王权政治统治秩序的维护，这是儒家思想能够主导意识形态的关键因素。

中国古代的意识形态在思想内容和表现形式上，都与中国古代社会的经济、政治、社会环境相契合。从思想内容上来看，与自给自足的自然经济形态相适应，与宗法制的社会结构相融合，与封建王权的政治统治相结合；从表现形式来看，一方面思想控制高度集中，另一方面高度重视教育教化作用。中国古代的意识形态是对当时的经济基础的反映，与在自然经济条件下的生产力发展状况相适应，对巩固封建社会的政治统治和伦理制度发挥了潜移默化的作用，维持了政治、经济、社会秩序的长期稳定。但是，这种僵化的意识形态也严重束缚了人们的思想，不利于发挥人民群众的主体性作用。立足当代中国的意识形态建设，要坚持对中国优秀传统文化的创造性转化和创新性发展，总结正反两方面的经验，为强化新时代马克思主义在意识形态领域的主导地位提供方法论启示。

第二节　新中国成立初期毛泽东意识形态建设理论与实践

一、新中国成立初期毛泽东社会主义意识形态建设理论形成的历史背景

任何理论体系的形成和发展都有其特定的社会历史条件和理论基础。马克思指出："一切划时代的体系的真正的内容都是由于产生这些体系的那个时期的需要而形成起来的。所有这些体系都是以本国过去的整个发展为基础的，是以阶级关系的历史形式及其政治的、道德的、哲学的以及其他的后果

为基础的。"① 毛泽东的意识形态理论正是在中国近代复杂的社会和历史条件下形成和发展的。

（一）形成和发展深受中外优秀文化成果影响

追溯毛泽东意识形态思想形成的理论渊源包括两个方面，一方面是马克思主义经典作家——马克思、恩格斯、列宁、斯大林等的意识形态理论，另一方面是中国传统文化的优秀成果。马克思、恩格斯运动历史唯物主义和唯物辩证法的方法剖析资本主义社会性质，揭示了人类社会发展的一般规律，建立起科学的意识形态理论。列宁和斯大林结合俄国革命的实践，提出了"科学的意识形态"概念，重视意识形态教育，强调意识形态领域的阶级斗争，发展了马克思意识形态理论。在此基础上，毛泽东继承和发展了马克思主义经典作家的意识形态理论。另外，毛泽东一生不断阅读中华古典文化精华，深受中国传统优秀文化成果影响。传统文化中的天人观、知行观、德治教化思想、大同思想对毛泽东的人的主观能动性、实事求是思想路线、意识形态教育、社会理想影响尤深。因此，毛泽东的意识形态理论正是在马克思主义经典作家意识形态思想和中国传统优秀文化成果的影响下，在近代中国革命长期实践过程中形成的。

（二）新中国成立前毛泽东意识形态理论的初步形成

新中国成立前，毛泽东意识形态理论的初步形成经历了两个阶段，一是1921 年 7 月中国共产党成立前毛泽东早期意识形态理论的萌芽，二是中国共产党成立后至新中国成立前毛泽东新民主主义意识形态理论的形成。

1. 毛泽东早年意识形态理论的萌发

中国共产党成立前，毛泽东早年的意识形态理论还处于探索阶段，其形成过程伴随着个人政治信仰的确立过程。早年毛泽东在湖南第一师范读书时，重视精神和理想的作用，主张探索宇宙本源从哲学和伦理学入手，认为观念造成

---

① 马克思，恩格斯. 马克思恩格斯全集：第 3 卷 [M]. 中共中央马克思恩格斯列宁斯大林著作编译局，译. 北京：人民出版社，2002：544.

文明，其唯心主义世界观相对比较明显。从湖南第一师范毕业后，毛泽东先后两次来到北京，开始了解并接受马克思主义，世界观逐渐转向唯物主义。五四运动期间，毛泽东实现了个人世界观的根本转变，成为一名坚定的马克思主义者。这期间，他提出主义的旗帜功能，认为"主义譬如一面旗帜，旗帜起来了，大家才能有所指望，才知所趋附"①。经过自由主义与马克思主义知识分子之间问题与主义的争论，毛泽东认识到只有马克思主义才能解决中国的现实问题，并开始自觉运用马克思主义批判错误社会思潮。1920 年 12 月，毛泽东在给蔡和森等人的信件中表明了自己对马克思主义的信仰，赞成用马克思主义的方法通过阶级斗争实现无产阶级专政，已达到改造中国和世界的目的。②经过早期探索和实践，毛泽东的意识形态理论解决了运用何种理论改造中国现状的问题。

2. 毛泽东新民主主义意识形态理论的形成与实践

中国共产党成立后，毛泽东集中解决了党内存在的各种非无产阶级思想，并成功找到了一条中国革命走向胜利的道路，形成了自己的新民主主义意识形态理论。面对大革命时期党内不同的思想倾向，毛泽东撰写了《湖南农民运动考察报告》和《中国社会各阶级的分析》等文章，分析了国内农民、地主、资产阶级等各阶级生存现状，着重指出了农民运动的重要性。土地革命战争时期，毛泽东批判了党内、军队内部存在的各种非无产阶级思想，明确了解决的具体方法。在抗日战争和解放战争时期，毛泽东在发表的《新民主主义论》和《在延安文艺座谈会上的讲话》两篇论著中，集中阐明了自己的意识形态理论，是其新民主主义意识形态理论形成的重要标志。延安整风运动中，毛泽东撰写的《改造我们的学习》《整顿党的作风》和《反对党八股》等文章，彻底纠正了党内存在的几个主要错误倾向，明确了实事求是的思想路线。这期间，毛泽东从文化角度阐述意识形态的涵义。他认为："一定的文化（当作观念形态的文

---

① 中共中央文献研究室，中共湖南省《毛泽东早期文稿》编辑组 . 毛泽东早期文稿 [M]. 长沙：湖南出版社，1990：554.

② 逢先知 . 毛泽东年谱：上 [M]. 北京：人民出版社，中央文献出版社，1993：74.

化）是一定社会的政治和经济的反映。"① 毛泽东还特意指出了要重视意识形态领导权，指出旧民主主义文化革命要发挥资产阶级领导权的作用，新民主主义文化中要更好地发挥无产阶级领导权的作用。"要将共产主义思想体系宣传与新民主主义行动纲领的实践要区分开来。"② 毛泽东还指出了文艺发展要首先解决为谁服务的问题，要批判地继承和发展中外文艺成果，发展文艺的指导思想要将坚持政治标准和艺术标准两者有机统一起来，实现革命整治内容和完美艺术形式的有机结合。新民主主义理论的形成既完整解决了中国共产党革命年代的意识形态理论建设问题，也为毛泽东新中国成立后的社会主义革命和建设阶段的意识形态理论奠定了基础。

二、新中国成立初期毛泽东意识形态建设的理论与实践

（一）对旧社会意识形态的批判和引导

新中国成立初期面临着百废待兴的局面，毛泽东在意识形态领域首先开展了对旧社会意识形态的批判和清算，这也更好地为新的社会主义意识形态建立奠定思想基础。新中国成立初期，封建买办思想、崇洋媚外思想、资产阶级唯心论等旧社会的意识形态残余还比较严重，急需对它们进行批判和清算。首先，肃清封建主义和帝国主义思想，树立社会新风尚。新中国成立初期，中国共产党迅速建立起各级地方政权，接着展开了清剿土匪、废除封建土地制度、打击投机资本、抗美援朝等一系列行动，为新社会意识形态建立奠定了基础。1950年4月，新中国第一部基本法——《中华人民共和国婚姻法》颁布，废除了封建婚姻制度，在人民群众中树立了男女平等、婚姻自由的道德观念。持续三年的抗美援朝运动，"特别着重反对美帝国主义的法西斯思想，肃清帝国主义长期在中国人民中所传播的一切有害影响和半殖民地奴化的买办思想以及国民党反动派思想的残余，发扬民族自信心和人民革命战争的伟大传统，树立打败帝

① 毛泽东.毛泽东选集：第2卷[M].北京：人民出版社，1991：663.

② 毛泽东.毛泽东选集：第2卷[M].北京：人民出版社，1991：706.

国主义的信心"，"经过这一运动，各阶层人民群众的政治认识普遍提高……
百余年来在帝国主义压迫下形成的种种民族自卑心理也为之一扫，民族自尊心
和自信心大为提高"。① 其次，谨慎开展对资产阶级思想进行批判。新中国成
立初期，由于资产阶级自身特点的两面性，毛泽东多次强调要慎重对资产阶级
的思想展开批判。毛泽东指出："在允许资产阶级和小资产阶级存在的时期内，
不允许资产阶级和小资产阶级有自己的立场和思想，这种想法是脱离马克思主
义的，是一种幼稚可笑的思想。"② 他主张用共同纲领和爱国主义的思想去教
育和改造资本家。再次，重视对历史唯心主义的批判。毛泽东在意识形态领域
大力开展对历史唯心主义的批判，主要体现在对电影《武训传》和胡适唯心
主义思想的批判上。毛泽东认为，电影《武训传》强调改良主义作用，低估
了阶级斗争作用，是历史唯心史观的表现，不利于人民群众树立正确的历史
观。1954 年，毛泽东提出反对在古典文学领域毒害青年的胡适资产阶级唯心
论，认为胡适的资产阶级实用主义思想是与马克思主义争夺思想阵地最为有
力的资产阶级思想。这有利于清除人们思想领域的唯心主义思想，掌握唯物
主义方法，但也使得批判扩大到整个思想领域，出现了批判方法上的简单粗
暴现象。

（二）高度重视马克思主义的宣传和普及

新中国成立初期，毛泽东高度重视马克思主义在意识形态领域的主导地位，
从提出一些具体的学习和宣传要求入手重视马克思主义在全党和全国人民的宣
传和普及。一方面，从学习社会发展史和马克思主义哲学为重点，开展马克思
主义学习运动。社会发展史的学习活动先是在干部中开展，随后在广大知识分
子中掀起学习热潮。1950 年，毛泽东在谈到知识分子思想改造时明确指出："要
让他们学习社会发展史、历史唯物论等几门课程。"③ 在毛泽东的倡导下，社

① 毛泽东.抗美援朝运动的政治任务 [N].人民日报，1950-11-01（1）.

② 毛泽东.建国以来毛泽东文稿：第 3 册 [M].北京：中央文献出版社，1989：361.

③ 毛泽东.毛泽东文集：第 6 卷 [M].中共中央文献研究室，编.北京：人民出版社，1999：74.

会发展史成为知识分子思想改造的重要内容。此外，毛泽东还要求通过各种形式对工人和农民进行社会发展史和历史唯物主义的学习教育，取得了较好的成效。在学习马克思主义哲学方面，毛泽东在新民主主义革命时期写作的《实践论》和《矛盾论》重新在《人民日报》发表，并成为学习的基本教材。这一时期，李达的《〈实践论〉解说》和《〈矛盾论〉解说》对于用通俗的语言宣传唯物论有很大的作用。① 另一方面，通过编纂、学习《毛泽东选集》，大力普及和宣传马克思主义中国化的最新理论成果。1949 年 12 月，毛泽东访问苏联期间，斯大林建议毛泽东将自己的文章报告编选成册，让人们了解中国革命斗争实践。1950 年 5 月，中央政治局会议一致赞同该建议，并成立毛泽东选集出版委员会。在编辑出版《毛泽东选集》过程中，毛泽东认真校对修改了每一篇文章。从 1951 年至 1953 年，经过重新修订的《毛泽东选集》三卷本陆续出版，成为新中国宣传和普及马克思主义中国化成果的重要教材。

（三）构建了社会主义意识形态理论

1956 年新中国社会主义改造的完成，标志着我国社会主义制度的建立和全面建设社会主义的开始。为解决苏共二十大和东欧波匈事件引起的思想混乱，毛泽东在其《关于正确处理人民内部矛盾的问题》和全国宣传工作会议的讲话等论述中，集中建构了新中国社会主义意识形态理论。首先，毛泽东深刻指出了意识形态斗争的长期性。根据马克思关于意识形态相对独立性原理，原有意识形态不会随着旧的经济基础自动灭亡，还会在一定范围内长期存在。因此，新中国经过社会主义改造后，确立了马克思主义为指导的社会主义意识形态，但原有资产阶级意识形态还会长期存在，我们必须清醒地认识到阶级斗争也将长期存在。其次，提出了意识形态领域思想斗争的方式方法。毛泽东认为，作为人民内部矛盾性质的思想问题，只能用民主讨论的方法解决，不能简单使用行政命令或强制方法解决，否则会带来负面消极影响。对于各种非马克思主义

---

① 毛泽东.毛泽东文集：第 6 卷 [M].中共中央文献研究室，编.北京：人民出版社，1999：154.

和反马克思主义思想，必须大力开展思想批判和斗争，以防影响人民群众思想。再次，提出了文化发展上的"双百方针"。毛泽东在承认我国思想文化领域的各种人民内部矛盾后，提出了"百花齐放、百家争鸣"的"双百方针"，鼓励大家在艺术形式和风格上的自由发展，在科学流派上自由争论。毛泽东还特别指出，"双百"方针的关键是要处理好学术与政治的关系，提出了评价思想言论是非的六条标准，其中最重要的两条是社会主义道路和党的领导。①最后，特别重视加强思想政治教育问题。针对新中国成立后一段时间思想政治工作弱化的问题，毛泽东特别强调要加强思想政治工作："政治思想工作是经济工作和其他一切业务工作的灵魂。"②他提出，国家各部门单位要齐抓共管，形成全社会做思想政治工作的局面。毛泽东还特别重视知识分子和青年学生的思想政治教育工作，强调他们不仅要学习专业知识，还要学习马克思主义和时事政治，以求思想和政治上的进步。

（四）意识形态领域阶级斗争泛化

在 20 世纪 50 年代末以后，国内出现了意识形态领域阶级斗争泛化，如反右派斗争扩大化、文艺界和社会科学界的大规模批判运动、"文化大革命"等。

三、新中国成立初期毛泽东意识形态建设理论的积极意义

新中国成立后毛泽东意识形态理论深入结合中国革命和建设的实践，发展了马克思主义意识形态理论，是毛泽东思想的重要组成部分。虽然受到历史和社会条件所限，具有自身一定的局限性，但其对当代中国意识形态理论和实践发展仍具有重要借鉴作用。

毛泽东的意识形态理论形成和发展于新中国成立初期的特定历史条件下，是对当时中国革命和新中国成立初期建设的重大探索结果之一，虽然有其自身

① 毛泽东 . 毛泽东文集：第 7 卷 [M]. 中共中央文献研究室，编 . 北京：人民出版社，1999：234.

② 毛泽东 . 毛泽东文集：第 8 卷 [M]. 中共中央文献研究室，编 . 北京：人民出版社，1999：124.

的局限性，但对当代中国的意识形态建设仍具有重要的启示意义。首先，始终坚持马克思主义在意识形态领域的指导地位，并不断创新发展。毛泽东在新中国成立前后多次强调坚持马克思主义指导地位的重要性，指出"掌握思想领导是掌握一切领导的第一位"。① 新时期，能否坚持马克思主义在意识形态领域的指导地位，是关系到中国现代化建设的前途和命运的重大问题。坚持马克思主义的指导地位，还需要不断发展和创新马克思主义理论。恩格斯曾经指出："马克思主义理论不是用于死记硬背的教条，而是不断发展着的理论。"② 当前，坚持发展中国特色社会主义理论体系就是继承马克思主义理论创新意识的最好体现。其次，重视意识形态领域的长期斗争。鉴于意识形态领域斗争长期性和复杂性特点，毛泽东始终高度重视意识形态领域斗争。当前中国，既面临着国外意识形态领域的长期渗透，又面临着国内社会转型时期矛盾的累积，使得我国意识形态领域呈现多元并存状态。因此，我们要保持清醒头脑，积极同非马克思主义和反马克思主义意识形态思潮开展斗争，增强我国主流意识形态的凝聚力和吸引力。再次，重视加强和改进意识形态教育。无论在革命战争年代还是在社会主义现代化建设年代，毛泽东都重视意识形态教育在革命动员和凝聚社会人心方面的重要作用。新时期，我们重视意识形态教育工作，不仅要把这项工作放到党和国家全局的高度去认识，还要重视准确把握意识形态教育对象，不断创新意识形态教育方式方法，使其富有新时代的特色和生命力。

综上可见，新中国成立初毛泽东意识形态建设理论渊源于中外优秀成果的精华，初步形成于中国新民主主义革命的实践进行中，完善成熟于新中国成立后的社会主义建设进程中，无论其成功的探索实践还是短期失误都为当代中国意识形态建设提供了宝贵的经验启迪。

---

① 毛泽东.毛泽东文集：第 2 卷 [M].中共中央文献研究室，编.北京：人民出版社，1999：435.

② 马克思，恩格斯.马克思恩格斯选集：第 4 卷 [M].中共中央马克思恩格斯列宁斯大林著作编译局，译.北京：人民出版社，1995：681.

第三节　改革开放 40 年来党的几代领导集体意识形态建设思想

意识形态工作关乎党的前途命运、国家长治久安和人心向背，是党和国家的精神支柱和灵魂。改革开放以来，面对不同时期的复杂国际、国内形势，以邓小平、江泽民为核心的党的第二代、第三代领导集体和以胡锦涛为总书记的党中央、以习近平为核心的党的新一代领导集体提出了一系列意识形态建设思想，引领了新时期中国社会主义现代化建设的发展方向。因此，考察和梳理党的几代领导集体关于意识形态建设思想的发展历程，对当代中国的意识形态建设具有重要意义。

一、邓小平意识形态建设思想

党的十一届三中全会以来，我国开启了改革开放的新时代。邓小平在总结以往意识形态建设的经验和教训的基础之上，着眼于我国发展的新情况和新难题，对我国社会主义意识形态建设进行了深入思考，大大丰富了我国社会主义意识形态发展理论。

（一）基本观点

把握解放思想、实事求是原则是意识形态建设的前提条件。粉碎"四人帮"以后，我国思想界掀起了关于真理标准的大讨论。邓小平在这次大讨论中，大力支持崇尚实践的观点，强调要在具体实践过程中去判断一套理论或真理是否是正确科学的，任何工作都不能靠主观臆造来判断，为新时期我国意识形态建设奠定了基调。除此，为了更好解决思想混乱的发展状态，邓小平不仅强调要回归实事求是的思想原则来思考和解决问题，同时还结合我国实际，提出要坚持解放思想，从思想源头来探寻问题的根源，这样才能在实践中更好运用理论。邓小平有个有名论断，"不解决思想路线问题，不解放思想，正确的政治路线就制定不出来，制定了也贯彻不下去"①。他认为，思想路线问题一天得不到解决，政治路线也不太可能制定出来，鲜明强调了解放思想的必要性和重要性，开拓了意识形态建设的思路。同时，邓小平在《坚持四项基本原则》的讲话中，也对解放思想的内涵进行了解读。他认为解放思想，就要做到灵活运用社会主义理论观点和方法，要时刻关注现实实践中出现的新的情况和新的难题，明确了将马列主义、毛泽东思想作为我国意识形态建设的指导思想，遵从中国的实际国情，体现了邓小平对思想建设的重视。解放思想、实事求是是贯穿整个意识形态工作的根本原则，对新时期社会主义建设起着重要作用。

坚守四项基本原则是意识形态建设的本质要求。邓小平提出四项基本原则，并把四项基本原则作为我国意识形态建设必须要坚持的基本原则，是党和国家发展在任何时候都不能丢的立国根本，构成新时期我国社会主义意识形态建设的核心内容。邓小平强调"如果动摇了这四项基本原则中的任何一项，那就动摇了整个社会主义事业，整个现代化建设事业"②，认为在意识形态领域，必须始终坚持四项基本原则，任何一项原则被动摇，都会危害到党和国家的事业发展。邓小平强调，无论是革命还是建设时期，都不能违背马克思主义，这是社会主义事业发展的根本思想保证。同时，邓小平也反对用一成不变的眼光看待和应用马克思主义思想，提出马克思主义是活的理论，要与实际的变化紧密结合，与我国的实际国情紧密结合。在邓小平看来，四项基本原则是完整的指导方针，是新的历史条件下对马克思主义的新发展，其核心是坚持中国共产党的领导，这是不可动摇的根本立场，为新形势下我国意识形态发展指明道路。

服务于经济社会发展是意识形态建设的目的。党的十一届三中全会召开以来，党和国家把发展的焦点转到了经济建设，强调所有的工作都要紧密围绕经济发展来开展，对我国的发展战略和顶层设计做出了新的安排。社会意识形态

① 邓小平．邓小平文选：第 2 卷 [M]．北京：人民出版社，1983：191.
② 邓小平．邓小平文选：第 2 卷 [M]．北京：人民出版社，1994：173.

是一个国家社会经济和政治的集中反映，也会对经济和政治起重要的反作用。邓小平从我国的实际国情出发，有创见性地提出伟大的改革开放政策，为我国发展设计了一条崭新的道路。邓小平是非常重视经济发展的，提出贫穷不应该是社会主义应有的样子。但与此同时，邓小平也提到，不能忽视社会意识形态建设对经济发展的重要作用，要搞好社会意识形态建设，这样才能更好地服务于我国新时期的经济建设。对于姓"资"和姓"社"问题，邓小平提出"不要以为，一说计划经济就是社会主义，一说市场经济就是资本主义，不是那么回事，两者都是手段"①。把计划经济和市场经济视为两种不同手段，而不是将二者视为意识形态的绝对对立，侧面强调了意识形态的建设要服务于我国经济社会的发展，打开了我国社会意识形态建设的新格局，也为新时期社会意识形态理论的发展提供新思路和新视野。

（二）实践探索

在新的历史时期，国内外的发展环境与以往相比有许多新特点，对我国社会意识形态建设提出了新要求。邓小平着眼于世情、国情、党情，对社会意识形态建设进行了深入探索。邓小平对社会意识形态建设的实践探索主要分为两个方面，一是拨乱反正，二是理论创新，对邓小平意识形态建设思想的形成有着重要影响。

在拨乱反正阶段，主要任务是将我国意识形态建设回归到正常轨道。受"文革"影响，我国意识形态建设在一段时间内处于停滞状态，甚至出现一点偏差。为了更好为改革开放事业凝心聚力，邓小平提出要开展意识形态领域的拨乱反正，肃清各种错误的思想倾向，确立解放思想、实事求是的思想路线。十一届三中全会以后，我国逐渐清除错误的思想导向，各项工作也慢慢回归正常轨道，思想混乱的状态也得以改善，社会意识形态的发展有了更广阔空间。邓小平在不同的工作会议上多次强调要将意识形态建设回归理性，为意识形态工作开展提供思想指导。在实践层面，邓小平主要从两个方面对意识形态建设进行了探

---

① 邓小平.邓小平文选：第3卷[M].北京：人民出版社，1993：367.

索。一是科学准确理解毛泽东思想，反对将毛泽东思想庸俗化、片面化解读，在马克思主义理论体系中把握毛泽东思想的地位和作用。为此，邓小平提出"确立毛泽东同志的历史地位，坚持和发展毛泽东思想。这是最核心的一条"①，为正确把握毛泽东思想奠定基调。二是开展真理标准大讨论，为改革开放扫除思想障碍。邓小平提出"关于真理标准问题的争论，的确是个思想路线问题，是个政治问题，是个关系到党和国家的前途命运问题"②，强调实践是检验真理的唯一标准。可见，在意识形态领域的错误倾向纠正当中，邓小平始终保持清醒头脑，坚持用解放思想和实事求是的思想原则来指导一切实际工作。

在理论创新阶段，主要任务是提出新时期社会意识形态建设的新方向和新思路。改革开放是一项新的伟大创举，涉及各种利益关系的调整，也不可避免地涉及意识形态领域的问题，要求意识形态建设做出新的理论回应。邓小平着眼于改革开放的历史前沿，积极倡导解放思想、实事求是，立足我国国情，回应时代课题，正面现实问题。邓小平从我国具体的国情考虑，对如何在我国建设社会主义这一重要课题进行了深入探索。邓小平提出，我国还属于社会主义处级阶段，要牢记这一基本国情，并在把握此国情基础上对社会主义意识形态建设进行全新的思考。对于社会上存在的"空谈马克思主义"的现象，邓小平提出"三个有利于"的判断标准，为社会主义意识形态建设提供重要的方法论指导。从阶级斗争到以经济建设为中心，从"文化大革命"到社会主义现代化建设，从教条主义到中国特色的提出，这些无不在反映邓小平对新时期意识形态的创造性探索，为我国改革开放提供精神保障。

（三）基本经验

（1）坚持马克思主义与中国实际的结合。在改革开放的新时期，邓小平始终坚持马克思主义在我国社会主义道路建设的指导地位不动摇，高举马克思

---

① 中共中央文献研究室.三中全会以来重要文献选编：上册 [M]. 北京：中央文献出版社，2011：385.

② 邓小平.邓小平文选：第 2 卷 [M]. 北京：人民出版社，1994：143.

主义伟大旗帜，提出"我们坚持的和要当作行动指南的是马列主义、毛泽东思想的基本原理"①，同时也强调要用中国思维去看待和思考问题，注重将马克思主义原理和我国的具体的实践要求和人们的思想实况结合起来，为我国实现更好的发展提供保障条件。邓小平认为，对马克思主义的教条化认识是错误的，完全照搬外国发展模式，忽视中国实际去搞社会主义建设，会对我国发展产生不可预想的危害，也违背社会主义发展规律。邓小平坚持以马克思主义来指导中国实践，将四项基本原则置于关键地位，保证了意识形态建设的大方向。邓小平还提出，要以科学的态度看待马克思主义和社会主义，不能因为马克思主义和社会主义的发展在某一时期或某一国家受挫，就轻易否定它们，应以辩证的、历史的眼光来看待马克思主义的发展和社会主义道路建设过程中遇到的问题和困境。

（2）正确处理意识形态与党的中心工作关系。十一届三中全会后，党和国家更加重视和强调经济繁荣发展，而更有效地增强国家实力，成为这个阶段的重要任务。相对而言，意识形态建设处于次位，但并非意味着意识形态建设不重要，可有可无。相反，邓小平非常重视新时期意识形态建设，也为这一时期的社会意识形态建设提供了很多创见。邓小平十分看重我国社会意识形态发展和我们党的中心工作之间的关系。他认为，我们要取得改革开放的好成果，不能忽视意识形态建设对改革开放事业的强大的推动作用。邓小平提出四项基本原则和社会主义精神文明建设，都体现了邓小平对我国意识形态的高度重视，并且善于用意识形态工作来推动党的中心工作运行。

（3）积极开展思想政治工作。在改革开放初期，党和国家的主要精力都投入到经济建设中，充分调动人民群众的积极性进行社会主义现代化建设，但对思想政治工作的重视相较之前有所弱化，对经济发展的高度重视在一定程度上压减人们对思想政治工作的关注度。邓小平非常重视对历史的反思，注重总结经验。邓小平在1989年曾反思道："我们最近十年的发展是很好的。

---

① 邓小平.邓小平文选：第2卷[M].北京：人民出版社，1983：171.

我们最大的失误是在教育方面，思想政治工作薄弱了，教育发展不够。"①
他认为过去的社会主义建设中，我们最大的问题是教育层面的问题，特别是
思想教育方面的不足，侧面体现了邓小平对思想政治工作的高度关注。邓小
平提出，"我们一定要把思想政治工作放在非常重要的地位，切实认真做好，
不能放松"②，将开展思想政治工作作为加强我国意识形态建设的重要途径，
深刻认识到思想政治工作对保证全党思想上和行动上一致，形成强大合力的
重要作用。他提出要做好思想政治工作，不得不充分利用好我国已有的优秀资
源，同时，也要坚持与时俱进，不断创新思想政治工作途径，以更好地维护马
克思主义的指导思想地位。

二、江泽民意识形态建设思想

在领导中国特色社会主义建设的过程中，江泽民结合新的时代发展要求，
对建设社会主义意识形态的目标、途径等做出了一系列重要的论断，对我国发
展有重要影响。

（一）基本观点

（1）关于意识形态建设的定位。一国的意识形态建设如何在一定程度上
影响国家社会事业的发展状况。江泽民提出意识形态工作"直接关系到社会主
义事业的成败"③。这是江泽民对当时社会主义意识形态建设的战略定位，体
现了江泽民对意识形态建设的高度重视。意识形态作为精神力量中非常重要的
一部分，对整个社会主义事业的发展有着重要影响。江泽民主要是从两大方面
论述意识形态建设对社会主义事业发展的影响的。一方面，意识形态建设关乎
执政党的统治地位。江泽民认为，意识形态建设是党的生命的一部分。要保持
党永不变色，不得不高度重视意识形态建设，确保党能掌握对意识形态建设的

---

① 邓小平.邓小平文选：第3卷[M].北京：人民出版社，1993：290.
② 邓小平.邓小平文选：第2卷[M].北京：人民出版社，1983：342.
③ 江泽民.江泽民文选：第1卷[M].北京：人民出版社，2006：160.

总方向。在新时期，江泽民非常关注党的建设问题，"三个代表"的提出，为我国社会主义意识形态建设提供新方向，这是基于整个党和国家发展事业的考虑提出的，体现了江泽民对意识形态建设的重视度之高，特别是在经济全球化、东欧剧变的大背景下，意识形态建设的重要性更为突出。另一方面，意识形态建设也影响我国综合国力的发展。江泽民提出，"我们必须用马克思列宁主义、毛泽东思想、邓小平理论，作为凝聚和团结全国人民的坚强精神支柱，并确立建设由中国特色社会主义共同理想"。[①] 他认为，精神力量也是一股不可忽视的重要发展力量，属于我国综合国力的重要组成部分。必须加强社会主义意识形态建设，为增强我国综合国力和国际竞争力提供政治保证和精神支撑。

（2）关于意识形态建设的目标。随着经济全球化的深入发展，国内外发展环境发生变化，对意识形态建设提出更好的要求。江泽民结合新的时代发展需要，对社会主义意识形态建设的价值目标做了深刻的论述。他认为，社会主义意识形态建设主要在全社会形成共同理想和奋斗目标，最终服务于经济建设这 中心工作。市场经济的发展，使得利益格局更为复杂，各种思想观念趋于多元化，需要一种精神或思想把全社会的力量凝聚在一起。社会主义意识形态作为占主导位置的思想形态，能很好地集合社会上各种潜在力量，能为社会发展提供持续不断的发展动力，对中国特色社会主义事业发展有重要影响，鲜明指出了意识形态建设对增强社会凝聚力的重要性。

（3）关于意识形态建设的实现路径。关于如何在新的阶段不断强化社会主义意识形态建设，江泽民结合我国发展实际，给出了许多新思路新方法。首先，江泽民很重视加强党的建设。他认为，国家社会的大发展环境与以往不同了，党面临的发展任务也和以往不 样，必然要求我们党的工作理念和工作方式也随之做出调整和适应。在意识形态建设领域，江泽民非常重视加强党的建设，强调加强党的思想建设，结合形式的新变化和新特点，不断丰富和发展马克思主义思想。其次，江泽民认为，加强社会主义精神文明建设也是我国意识

---

① 江泽民 . 江泽民文选：第 3 卷 [M]. 北京：人民出版社，2006：199.

形态建设的一项重要内容。江泽民提出"在当代中国，发展先进文化，就是发展有中国特色社会主义文化，就是建设社会主义精神文明"①，他强调，我们要大力加强社会主义精神文明建设，这也是促进社会主义文化繁荣的需要。而要促进文化大发展，必须要关注与先进文化相悖的文化，采取积极地措施来改造这些文化，发展先进文化。最后，江泽民认为，抓好新时期思想政治工作是一切工作的重要保障，任何时候都不能忽视思想政治教育工作，特别是在意识形态建设中，要结合我国实际情况，积极开展思想政治工作。

（二）实践探索

江泽民在科学把握我国面临的国内外发展的形势的基础上，对我国社会主义意识形态建设进行了实践探索，其主要体现于两大方面，一是对国内外意识形态建设经验教训的归结与思考，二是寻求适应新的时代发展要求的意识形态建设路径，具体如下：

（1）对国内外意识形态建设经验教训的总结。在国际层面，苏联解体、东欧剧变，引起了党中央高层领导集体的深思。江泽民很重视对苏联解体、东欧剧变的经验教训的总结，并以此为契机，不断加强党的建设。江泽民认为，苏联之所以解体，很重要的原因是党内领导层出了问题，党的建设方向走偏了。因此，江泽民非常重视党的建设问题，围绕"建一个什么样的党及如何加强党的建设"这一重大问题，进行了深入的理论和实践探讨。在国内层面，改革开放的深入发展和市场经济的繁荣带来了人们的思想观念的急剧变化，思想文化不再单一化，如何在新时期保持党对意识形态方向的把握是江泽民思考的重大问题，也是党的发展不得不关注的重要问题。

（2）探求适应新的时代发展要求的意识形态建设路径。跟随时代的发展而发展是马克思主义发展必须要坚持的思想原则。江泽民认为，"要坚持马克思主义在我国的指导地位，要以坚持为前提，同时要做到在实践中不断丰富和

---

① 江泽民.论"三个代表"[M].北京：中央文献出版社，2001：157-158.

发展它"①，体现了江泽民对意识形态发展的重视。在新的时期，中国特色社会主义建设遇到了一系列新问题新情况，江泽民立足时代发展的要求，结合我国发展的实际情况，在不断的实践探索基础上，对如何更好地建设党的问题做出了科学的回答，提出了"三个代表"重要思想，为新阶段我国社会主义意识形态工作提供更新的理论指导，丰富了社会主义意识形态建设思想。

（三）基本经验

（1）牢牢掌握意识形态领导权。江泽民在如何掌握党对意识形态领域的领导权问题上，提出了较多见解，大大丰富了马克思主义的意识形态领导权思想，为我国思想政治工作的开展提供指导。在掌握意识形态领导权的问题上，江泽民吸取苏联解体、东欧剧变的教训，提出各级党委要高度重视意识形态领导权问题，不断完善党的建设，确保党对意识形态大方向的掌握，坚定马克思主义信仰。江泽民提出"要把12亿多人的思想统一起来，力量凝聚起来，向着社会主义现代化建设的共同目标前进，必须有中国共产党这个核心力量，必须有中国共产党的坚强领导"②。党的十五大明确指出，社会主义法治国家的建设离不开党的领导，无论何时，党对意识形态领域的掌控权都不能丢失，这是我国继续坚持走社会主义道路的重要保障，对现今我国建设社会主义现代化国家有着重要启发作用。

（2）加强社会主义精神文明建设。江泽民曾指出，"我们是唯物主义者，强调物质生产在社会发展中的决定作用，同时也充分肯定精神活动在人们改造客观世界进程中的活动作用"③，我们所要建设的社会主义，不仅要使经济水平得以提高，精神文明水平也要相应提升，建设中国特色社会主义事业不能忽视物质层面建设，也不能忽视精神层面建设，二者缺一不可。江泽民充分肯定了精神文明建设的作用，认为精神文明对物质文明建设有着重要的推动作用，

①　江泽民.江泽民文选：第3卷 [M].北京：人民出版社，2006：227.

②　江泽民.江泽民文选：第3卷 [M].北京：人民出版社，2006：224.

③　江泽民.江泽民文选：第3卷 [M].北京：人民出版社，2006：197.

能为经济社会发展提供精神动力和方向保证。江泽民提出要建设中国特色社会主义文化，坚持"双百方针"，坚持为人民服务、为社会主义服务，充分挖掘优秀传统文化资源，吸收国外优秀文化成果。同时，江泽民也提出依法治国与以德治国相结合，为解决市场经济发展带来的道德困境提供解决良方，对当前我国推进"四个全面"建设提供思想借鉴。

三、胡锦涛意识形态建设思想

党的十六大以来，胡锦涛高度重视意识形态建设，结合我国发展的新实际，立足于新世纪新阶段，提出了一系列关于社会主义意识形态建设的重要论断，为当前实践提供借鉴。

（一）基本观点

（1）认真抓好理想信念，强化党性教育。胡锦涛提出，要建设一个执政水平更高的党，不得不时刻关注理想信念教育。他指出，"越是深化改革、扩大开放，越是发展社会主义市场经济，越是要加强对广大党员干部的理想信念教育，使他们在日益复杂的环境中坚定理想信念"[①]，分析特别是在市场经济不断发展，改革开放进程不断推进的时代条件下，党的建设所面临的环境日益复杂，必须要高度重视和加强理想信念教育，不断提升党性。为了加强理想信念教育，胡锦涛结合当时我国发展实际，提出大力发扬革命精神，弘扬艰苦奋斗精神，这是保持马克思主义本色和践行马克思主义宗旨的必然要求。在纪念长征胜利70周年的讲话当中，胡锦涛也突出强调要重视对长征精神的传承与学习，以此为抓手不断地加强社会主义精神文明建设，强化理想信念的教育，更好地坚持走社会主义道路。

（2）构建社会主义核心价值体系，是当前我国价值观体系建设的必然要求。胡锦涛在把握我国实际的基础上，对社会主义核心价值体系的构建进行了探索，为社会主义意识形态建设提供理论支撑。胡锦涛指出，"社会主义核心

---

① 胡锦涛. 在新时期保持共产党员先进性专题报告的讲话 [N]. 人民日报，2005-01-14（1）.

价值体系是社会主义意识形态的本质体现"①，突出社会主义核心价值体系在意识形态中的重要定位。胡锦涛也对社会主义核心价值体系进行了深刻探索，对这个体系的内涵进行了具体阐述，从四大方面概况其内涵。随着改革的深入带来的种种利益冲突，开放的纵深推进带来的各种挑战和难题，社会上各种思潮相互交错，使得我国的社会主义意识形态建设难度不断增加。因此，胡锦涛提出，要充分发挥社会主义核心价值体系的引领作用，确保马克思主义在社会意识形态的指导作用，以此来把全国各族人民的心凝聚在一起，形成社会主义事业建设的强大向心力，为社会主义现代化建设提供精神力量。

（3）大力发展社会主义精神文明。胡锦涛的社会主义精神文明建设思想由农村精神文明建设与城市精神文明建设两部分组成。胡锦涛认为，加强农村精神文明建设可以为农村经济社会的可持续发展提供精神支柱。他认为，要加强农村精神文明建设，首先要在农村范围广泛传播先进思想观念、先进文化技术，其次还要加强农村社会管理，加快社会主义新农村建设。而在城市精神文明建设当中，胡锦涛认为，要大力加强公民道德建设，树立道德典范，全面提升市民的文明素质，为城市的可持续发展提供支持。除此，胡锦涛还提出社会主义荣辱观，并在全社会中大力推行社会主义荣辱观，积极将其融入我国的社会主义精神文明建设当中，用社会主义荣辱观感染和教育广大人民群众，以全面提高国民素质，提升国家的文化软实力。

（二）实践探索

进入新世纪后，以胡锦涛为总书记的中央领导集体，对新时期党的建设进行了深入思考和考察，围绕着如何实现新的发展的时代课题，提出科学发展观，以和谐社会为社会发展的新目标，为我国社会主义意识形态建设指明方向。在这一时期，胡锦涛对社会主义意识形态建设的实践探索主要体现在以下几个方面：一是科学回答"实现什么发展和如何发展"在基础上，提出科学发展观，科学发展观成为我国社会主义意识形态建设的新的指导理念，从以人为本、全

---

① 胡锦涛.在中国共产党第十七次全国代表大会上的报告[N].人民日报，2007-10-25（1）.

面协调可持续发展等方面对社会主义意识形态建设进行了整体规划。二是积极批判和回应社会上各种非马克思主义思想。为了更好回击思想领域存在的一些曲解或否定马克思主义思想的现象，胡锦涛提出，要通过社会主义核心价值观教育来不断巩固社会主义意识形态，将社会主义核心价值体系纳进我国的教育规划中，不断加强社会主义意识形态建设。三是在全社会范围内倡导和谐社会，建立一个稳定的、公平的、有爱的社会，为更好应对社会上各种难题和困境提供一个价值标准的参考，也为社会主义意识形态建设提供新思路。

（三）基本经验

（1）加强马克思主义理论武装和理论创新。胡锦涛高度重视用马克思主义理论教育，坚定马克思主义信仰，在多种场合强调要坚定不移地坚持马克思主义的指导，这也是党和人民团结奋斗的重要保障。意识形态领域的建设是一劳永逸的，也是难度较大的，胡锦涛提出"各级党委和政府要把意识形态工作作为关系国家安全和社会稳定，关系党和人民事业兴衰成败的重大工作紧紧抓好"[①]，要求各级党委要把意识形态工作摆在重要位置，从战略高度来统筹社会主义意识形态建设。进入新世纪，我国迎来新的发展时期，在社会意识形态建设进程中也遇到新问题新情况，时代课题和国家发展任务的变化，要求社会意识形态建设要做出回应。胡锦涛提出"推进实践基础上的理论创新，是马克思主义具有蓬勃生命力的关键所在，是我们党坚持先进性、增强创造力的决定性因素"[②]。在新时期要确保我们始终沿着马克思主义道路前行，必须用马克思主义理论来武装头脑，并且要不断促进理论创新，坚持用发展的思维看问题，不断促进马克思主义理论与中国的实际相结合，坚持从中国国情出发，这也是保持马克思主义理论生命力的重要保障。胡锦涛在继承马列主义、毛泽东思想、邓小平理论的基础上，结合新的历史时期的时代特征和国家发展形势，提出了

---

① 中共中央文献研究室.十六大以来中央重要文献选编：下 [M].北京：中央文献出版社，2008：684-685.

② 中共中央文献研究室.十六大以来中央重要文献选编：中 [M].北京：中央文献出版社，2006：158.

科学发展观和和谐社会建设，丰富和发展了马克思主义理论。

（2）重视宣传工作，做好舆论引导。舆论宣传是社会意识形态建设的一项重要举措，对社会舆论主导权的把握有着重要作用。在新的形势下，胡锦涛高度重视加强舆论宣传工作。只有舆论导向正确，事业才能顺利发展，人民才能过上幸福生活。胡锦涛在加强舆论宣传方面有较多科学论断，对当前我国舆论宣传工作的开展有重要启发意义。胡锦涛强调，要做好舆论宣传工作，"要牢牢掌握宣传思想工作的领导权和主动权"[①]，弘扬主旋律，坚持马克思主义的指导，服务人民，大力提升文化影响力。另外，胡锦涛也强调在互联网和新媒体飞速发展的今天，要充分利用好媒体技术、网络平台等，为舆论宣传工作服务。同时，也要加强舆论宣传的管理，坚持党管媒体，完善网络管理办法，为正面宣传提供良好的舆论环境。胡锦涛强调要大力传播社会主义核心价值观，用社会主义核心价值体系摄社会各种各样思潮的发展，以此为切入点加强社会主义精神文明建设。

四、习近平意识形态建设思想

党的十八大以来，习近平同志站在中国特色社会主义事业的大局规划的战略高度，在深刻把握我国发展的实际情况的基础上，科学分析了当前我国社会意识形态建设的新形势，形成了一系列关于新时期社会主义意识形态建设的新观点、新方法、新思想、新思路，对意识形态工作开展提供指导。

（一）基本观点

（1）强调意识形态建设的极端重要性。在新的发展时期，我国不得不认真审视当前国内外发展环境，抓住发展机遇，积极应对各种新挑战。习近平曾提出："意识形态工作是党的一项极端重要的工作"[②]，强调了意识形态建设

① 中共中央文献研究室.十七大以来重要文献选编：上 [M].北京：中央文献出版社，2009：655.

② 习近平.习近平谈治国理政 [M].北京：外文出版社，2014：153.

对我们党和国家发展的重要作用，体现了习近平对当前我国意识形态建设的高度关注。关于意识形态的极端重要性，习近平主要是从三个方面把握的。首先，习近平立足党的建设的全局，他认为，"宣传思想工作就是要巩固马克思主义在意识形态领域的指导地位，巩固全党全国人民团结奋斗的共同思想基础"①。党在任何时候都不能放松意识形态建设，并将其作为党的建设一项重要内容来关注。特别是，当前党的建设面临着"四大危险"，"四大考验"的严峻局势，急需全国各族人民团结一致，更需要加强意识形态建设，以此来凝聚人心，集聚力量，为实现中华民族伟大复兴的中国梦提供保证。其次，习近平从经济建设与意识形态的关系把握，他认为，"只有物质文明建设和精神文明建设都搞好，国家物质力量和精神力量都增强，全国各族人民物质生活和精神生活都改善，中国特色社会主义事业才能顺利向前推进"②。党的中心工作和意识形态建设都要认真抓好，不能顾此失彼，要充分认识意识形态对社会主义现代化国家建设的重要性。最后，习近平立足于党和人民群众的关系，提出要与人民群众建立良好关系，进一步巩固党执政的群众基础，不仅要抓好经济基础，也要注重精神层面的发展，让人们从物质精神层面均能有获得感。

（2）深化对意识形态的理论认知。在全面深化改革的攻坚期，习近平结合新的历史特点和时代要求，不断深化对意识形态的理论认知，提出了在新的历史条件下强化社会意识形态建设的许多新论断。首先，习近平科学地回答了意识形态属于什么性质的问题，提出"党性和人民性从来都是一致的、统一的"③，这是关乎立场的根本性问题，不可动摇。在一定程度上回应了一些人对党性和人民性关系的困惑，为更好地在意识形态建设中体现党性和人民性提供方向指导。至于如何实现党性和人民性的统一，习近平认为，一方面，舆论宣传工作要讲党性，理论探究要以中国特色社会主义理论为指导，坚持党管媒体，保证党对意识形态大方向的整体把握；另一方面，意识形态工作的开展要

---

① 习近平. 习近平谈治国理政 [M]. 北京：外文出版社，2014：153.

② 习近平. 习近平谈治国理政 [M]. 北京：外文出版社，2014：153.

③ 习近平. 习近平谈治国理政 [M]. 北京：外文出版社，2014：154.

坚持以人民为中心的导向，把服务人民与教育人民紧密结合起来，在进行意识形态宣传和教育时，多结合人民群众的实际需求，贴近生活实践。其次，习近平围绕意识形态是"干什么"的问题，提出新时期我国意识形态建设的新任务，即巩固马克思主义在意识形态领域的指导地位，巩固全党全国人民团结奋斗的共同理想基础，也就是"两个巩固"思想，为社会意识形态建设提供方向指导，这也是习近平在深刻把握我国发展形势之下，对意识形态建设的战略定位和重要作用的重新审视和认识。为此，习近平特别重视理想信念教育，认为理想信念是精神之钙，缺钙会得软骨病。同时，十八大报告中也进一步提炼社会主义核心价值观，为当前社会主义意识形态建设提供新内容，对实现中华民伟大复兴有重要助推作用。最后，习近平提出"必须坚持巩固壮大主流思想舆论，弘扬主旋律，传播正能量，激发全社会团结奋进的强大力量"①，强调要大力弘扬主旋律，为社会主义建设凝聚力量。国家社会的发展需要正能量的支撑，弘扬主旋律是时代发展的必然要求。习近平在不同的场合曾强调，要弘扬主旋律，在全社会中传播正能量，弘扬正气，凝聚人心，助力中国梦的实现。为了更好弘扬主旋律，习近平提出要坚持正面宣传为主，积极传播国家社会发展当中涌现的积极、阳光的内容，形成团结奋斗的局面，激发人民群众的精神动力。

（3）注重意识形态工作方法的创新。习近平提出"宣传思想工作创新重点要抓好理念创新、手段创新、基层工作创新"②，强调创新意识在意识形态建设的应用。在推进"四个全面"建设的伟大进程中，各种思想观念的交锋更为尖锐，利益格局分化更为复杂，为了更好地凝心聚力，习近平提出坚持正面宣传为主，弘扬主旋律，积极做好新时期意识形态工作。从习近平的诸多论述中可看到，新时期的意识形态工作思路得以不断拓展。习近平也立足于国内国外的大视野，提出要做好我国意识形态工作，需要讲好中国故事，传播中国声音，这是习近平在对世界整个发展大形势的深刻认识基础上提出的。为此，习

---

① 习近平.习近平谈治国理政 [M].北京：外文出版社，2014：155.

② 习近平.胸怀大局把握大势着眼大事，努力把宣传思想工作做得更好 [N].人民日报，2013-08-21（1）.

近平提出"讲述好中国故事,传播好中国声音"①,要对外宣传中华文化,创新对外传播方式,转化对外传播话语,让中国声音传得更远。同时,习近平也提出"互联网已经成为舆论斗争的主战场"②,着眼于网络空间的迅猛发展,提出要将网络舆论作为意识形态宣传工作的重要阵地。随着网络技术的发展,人们使用网络越趋频繁。习近平提出,宣传工作主要是做人的工作,人在哪里舆论宣传的重点就在哪,为新时期守好网络舆论阵地提供依据。为了做好网络舆论工作,习近平提出要党管媒体,要加强对互联网领域的立法管理,同时也要实现传统媒体与新媒体的有机融合和协同发展,为当前做好网络舆论工作提供了方向。

(二)实践探索

(1)以大局思维主导新闻舆论工作。习近平很强调要抓好新闻舆论工作,在不断的实践过程中发展意识形态理论。习近平注重从国内国外的两个大格局考虑我国意识形态发展工作,以大局思维主导新闻舆论工作。习近平立足于我国发展现状,坚持以问题为导向,提出要实现新时期新闻舆论宣传工作的理念创新、手段创新和基层工作创新,要积极构建舆论宣传工作的新格局,以适应国内外新形势的发展。为此,习近平提出"要树立大宣传的工作理念,动员各条战线各个部门一起来做"③。要树立大宣传理念,各级党委要站好舆论宣传的第一站,做好新闻舆论宣传工作的领导工作。习近平提出,要动员全党的力量来做宣传思想工作,各方面都要参与进来,整合意识形态工作的力量,这样才能形成舆论宣传的最大合力。要求新闻舆论工作要及时回应现实问题和人们需求,坚持与时俱进。同时,习近平也注重对外宣传,提出要讲中国故事,传播中国声音,在国际上树立中国形象,展示社会主义制度优越性,增强我国文化自信和文化自觉。

---

① 习近平.习近平谈治国理政[M].北京:外文出版社,2014:162.

② 习近平.胸怀大局把握大势着眼大事,努力把宣传思想工作做得更好[N].人民日报,2013-08-21(1).

③ 本报评估员.构建全党动手的大宣传格局[N].人民日报,2013-09-01(1).

（2）以辩证思维创新宣传思想工作。习近平在意识形态实践中，非常重视辩证思维的应用，始终坚持以辩证眼光来看待我国社会意识形态建设问题。习近平提出正面宣传为主的方针，提倡要在全社会宣扬正能量，发挥正面导向作用。同时，习近平也重视反面典型的警示作用，对意识形态领域中的错误思想倾向进行严厉批判，坚持正面典型和反面典型一起抓。另外，习近平在指导意识形态工作时，不仅提出要重视历史经验的总结和借鉴，认为我们党的经验来之不易，是意识形态工作的重要遵循。同时，习近平也提出要注重意识形态工作的理论创新与实践创新，不断发展意识形态理论，为此，习近平提出开展群众教育实践活动，开展社会主义核心价值观教育，"两学一做"学习活动等，这都是新时期我们党在意识形态领域的实践创新与发展。

（三）基本经验

（1）掌握舆论宣传的主动权和领导权。舆论宣传是意识形态工作的重要方式方法，对我国社会意识形态建设发挥重要作用。习近平指出，"今天，我们正在进行具有许多新的历史特点的伟大斗争"①，要高度重视对舆论宣传的主动权和领导权的把握，这也是我国推进"四个全面"的必然要求，是实现"两个"一百年奋斗目标的精神支柱。舆论导向在一定程度上会影响党和人民的事业发展状况。习近平非常重视舆论引导，特别是在我国人口众多的国家，要使得全国各族人民团结奋斗，同心同德，不得不加强舆论宣传，通过舆论宣传把意识形态的价值取向、价值认同等传播到广大人民群众当中，更好地为中国特色社会主义事业共同奋斗。习近平从群众利益出发，坚持党管宣传原则，注重舆论宣传与群众教育相结合，唱响主旋律，打好主动仗。充分利用好对外宣传和新媒体宣传等手段，不断创新舆论宣传形式，增强舆论宣传实效性，更好掌握舆论宣传主动权和领导权。

（2）立足中华优秀传统文化进行意识形态建设。社会主义核心价值观是新时期社会主义意识形态的新提炼。习近平一直都非常看重中华传统文化，提

---

① 本报评估员.弘扬主旋律传播正能量[N].人民日报，2013-08-28（1）.

出要使得社会主义核心价值观真正入脑入心，要密切联系我国的文化传统，要紧紧依托优秀传统文化进行意识形态建设。习近平曾指出："中华优秀传统文化是中华民族的精神命脉，是涵养社会主义核心价值观的重要源泉，也是我们在世界文化激荡中站稳脚跟的坚实根基"①，强调我国进行意识形态建设时要立足于中华传统文化，要利用好我们丰厚的历史文化积淀，发挥传统文化对当前意识形态建设的滋养作用。任何国家如果抛弃了传统就等于舍弃了其精神命脉，就会成为无根之物。中华传统文化源远流长，内涵丰富。习近平多次强调要以中华优秀传统文化涵养社会主义核心价值，充分利用好中华传统文化中的精华成分，用文化血缘把各族人民的心紧紧联系在一起。

（3）坚持正面宣传与舆论斗争相结合的原则。我国在正处于全面深化改革和全面建成小康社会的攻坚阶段，既拥有发展的好机遇，也会面临不好挑战和难题，意识形态领域各种思潮交错，要求我们的开展意识形态工作要做出新布局，必须要坚持正面宣传与舆论斗争相结合的原则，这也是习近平的意识形态建设思想的重要方面。习近平曾说，"坚持团结稳定鼓劲、正面宣传为主，是宣传思想工作必须遵循的重要方针"②。一方面，习近平强调要坚持正面宣传，大力弘扬主旋律。为了达到更好的舆论宣传效果，习近平提出要不断提升正面宣传的质量和水平，创新正面宣传方式和手段，转化宣传话语，紧密结合人民群众实践，增强宣传的感染力和吸引力。另一方面，习近平也强调要把握好舆论大方向，积极吸取反面案例的教训。当前我国意识形态领域还是存在杂音，需要积极开展与各种错误思潮的斗争，敢于揭示问题，正面问题，敢于亮剑，解决问题。最为重要的是，我们需通过不断的努力，从制度和法律层面不断巩固我国发展成果。

（4）培养创新思维，增强意识形态的感染力和感召力。创新是我国五大发展理念之一，在意识形态建设领域，习近平也非常重视培养创新思维，以发

---

① 习近平.习近平总书记在文艺工作座谈会上的重要讲话学习读本 [M].北京：学习出版社，2015：28.

② 习近平.习近平谈治国理政 [M].北京：外文出版社，2014：155.

展的长远眼光来看待意识形态理论的发展。当前，我国所面临的意识形态建设的环境和条件与以往不一样。当前我国的中国特色社会主义建设面临着许多新特点和新挑战，这就要求我们的意识形态工作要不断地进行创新，以更好适应新的发展要求。习近平提出，"宣传思想工作创新重点要抓好理念创新、手段创新、基层工作创新"①。当前我国的意识形态建设的创新可以从以下三个方面切入：一是理念创新。思想是行为的先导，只有不断地更新意识形态工作的理念，不断适应新的发展形势，我们的意识形态工作才能更有效开展。为此，习近平提出要树立大宣传理念，充分认识到意识形态工作的复杂性和综合性，动员一切可能的力量来助力意识形态工作的开展。二是手段创新。时代的发展，科技的进步，人们思维方式的变迁，人们需求的变化，都对意识形态工作开展的手段有着更高更新的要求。习近平提出，我们要积极创新意识形态工作手段，从历史和现实两个层面去思考，充分利用好已有的历史文化资源，同时也要注重利用新媒体宣传、国家形象宣传等途径，不断增强意识形态的认同感的感染力。三是基层工作的创新。习近平历来都非常重视基层建设，而在意识形态建设层面，习近平也提出要积极发掘人民群众中的榜样，树立身边榜样，依托榜样来进行意识形态建设。同时，思想宣传工作也要抓基层，落实基层。

五、新中国成立以来党的几代领导集体意识形态理论和实践对新时代的启示

（一）任何时候都不能放松党的意识形态建设

意识形态建设是党的建设的一项重要内容，对我们国家的发展前途和国家的稳定有着十分重要的作用。一个国家或者一个民族，如要最大限度地把人们凝聚起来，形成国家社会发展的巨大合力，都离不开意识形态建设。毫无疑问，意识形态建设在增强社会凝聚力和整合社会资源等方面起着重要作用。在不断

---

① 习近平.胸怀大局把握大势着眼大事，努力把宣传思想工作做得更好 [N]. 人民日报，2013-08-21（1）.

推进中华民族伟大复兴实现的进程中，在实现"两个一百年"奋斗目标的关键时刻，我们需要把全国各族人民的心紧紧聚在一起，增强精神合力，同心协力地为伟大中国梦的实现而共同奋斗。而当前国际形势严峻，各种思潮涌现，对我国的意识形态工作提出了更大挑战，也要求我们要高度重视意识形态建设。新中国成立以来党的意识形态建设的历史经验告诉我们，在当前加强党的意识形态建设，必须要坚持两大原则，一是要始终坚持马克思主义在社会主义意识形态领域的核心指导地位，任何时刻都要高举马克思主义伟大旗帜，时刻与各种曲解和否定马克思主义的错误思潮做斗争，积极加强理想信念教育，既反对错误思想倾向，也不断加强教育学习，不断巩固马克思主义在我国社会主义事业中的指导地位。二是要始终坚持党对意识形态建设的领导。坚持党的领导是开展一切意识形态工作的重要原则，离开了党的领导，意识形态建设可能会走偏或者达不到预期效果。毛泽东曾说"掌握思想领导是掌握一切领导的第一位"①，充分说明了坚持在意识形态建设中坚持党的领导的重要意义。

（二）坚持与时俱进，推进社会意识形态建设理论的创新发展

任何理论要保持生命力，都离不开创新发展，只有不断结合新的形势和发展要求，不断完善理论建构，才能更好适应新的发展要求，才能更好地发挥理论对实践的指导作用。任何伟大的实践都离不开科学理论的指导。对于意识形态建设理论，党的几代中央领导集体不断结合不同时期党和国家的发展要求和时代的呼唤，积极探索社会意识形态建设，在继承的基础上不断创新发展意识形态理论，以更好适应当前发展需求。当下，我国的发展也不断遇到新的情况，面临新的挑战和难题，国内外的发展形势也变得更加复杂多元。这些现实实践的变化，都要求我们党要以发展的眼光和整体的思维来思考我国的意识形态建设问题，不断促进意识形态理论的创新和发展，这是我们党的宝贵经验，也是时代发展对我们提出的要求。只有坚持与时俱进，我们才能更好地应对意识形

---

① 毛泽东.毛泽东文集：第2卷[M].中共中央文献研究室，编.北京：人民出版社，1993：435.

态建设中的挑战，才能更好地解决我国意识形态工作中遇到的难题，从而保证我们党和国家事业顺利进行，为实现中华民族伟大复兴的中国梦提供坚实保障。

（三）始终把意识形态建设与党和国家的事业发展大方向紧密结合

新中国成立以来，党的意识形态建设经验告诉我们，无论在什么情况下，都要始终把意识形态建设工作的开展与我们党和国家事业的发展大方向有机结合起来。意识形态建设并不是一项单向的、独立的工作，而是与我们党和国家的整体事业发展有着密切联系的工作。马克思主义认识论认为，实践决定认识，认识又反作用于实践。意识形态建设对我国经济社会发展有重要的指导作用。党的意识形态建设的历史经验告诉我们，意识形态建设要为党的中心工作服务，要积极发挥意识形态工作对我国经济社会发展的精神激励和价值指导作用。改革开放以前，毛泽东多次强调要正确认识政治与经济的关系，要发挥思想和政治对经济和科技发展的统帅作用。改革开放以后，我们围绕经济建设这一中心工作，积极开展意识形态建设工作，重视从党和国家的整体发展布局来思考和规划我国的意识形态建设问题，自觉将意识形态建设与我们党和工作的发展需求紧密结合起来，更好发挥社会主义意识形态建设的作用，体现社会主义制度的优越性。在新的历史起点，在全面建设小康社会的攻坚阶段，不断加强社会意识形态建设，为建设中国特色社会主义凝心聚力，为推进"四个"全面建设提供精神动力，这是国家发展的需要，是时代发展的要求，也是广大人民群众的需求。

（四）依托思想政治教育，有效推进党的意识形态建设

思想政治教育是党的建设的重要方法，也是党的意识形态建设的重要举措，在推进党的意识形态建设的进程中发挥重要作用。党的意识形态建设的历史经验告诉我们，无论处在什么样的历史时期，都要把思想政治教育工作摆在党的建设的重要位置，积极探索思想政治教育的有效途径，更好地助力党的意识形态建设。在当前的新形势下，意识形态工作的开展面临越来越严峻的挑战。首

先，我们要充分认识到思想政治教育对推进党的意识形态建设的重要作用。思想政治教育是我们党的优良传统，通过不断加强新时期的思想政治教育工作，将意识形态观念传播到人民群众中，增强社会主义意识形态的感染力，提升人民群众对社会主义意识形态的认同感，为我国的社会主义实践提供动力。其次，要充分利用好新闻媒体来进行意识形态宣传与教育。在当今社会，新媒体和自媒体发展迅速，在人民群众中有着非常重要的影响力和感召力。如何利用好新闻媒体，是当前我国意识形态建设重点关注的问题。我们要积极探索符合人民群众需求的宣传方式，坚持党管媒体，确保党对新闻舆论的领导和主导，为更好做好当前的意识形态工作提供方向保证，为我们党和国家事业的可持续发展提供坚实保障。最后，要建立一支强大的思想政治教育队伍。思想政治工作者是连接人民群众和意识形态理论的重要桥梁和纽带，在意识形态宣传和教育中发挥重要作用。因此，在新的历史时期，我们要积极汲取以往的意识形态建设经验，加强思想政治教育队伍建设，加大投入力度，大力培养一批本领强素质硬的人才队伍，为我国意识形态工作的顺利开展提供人力支撑。

综上可见，改革开放以来，党的几代领导集体的意识形态建设思想虽然强调的侧重点不同，但都具有很强的理论性、系统性和针对性。这些思想全面系统回答了不同时期意识形态建设理论的重要性、现实针对性和工作的方式方法。它们作为一脉相承的思想体系，深化了马克思主义关于意识形态建设思想，是马克思主义中国化的最新理论成果的重要内容，对新时期做好意识形态工作具有深刻的启示作用和深远的指导意义。

第三章　中外比较视域中的意识形态安全建设

从国际视野来看，无论是当今西方发达资本主义国家意识形态建设的成功经验或教训，还是国外社会主义国家意识形态建设的经验或教训，都为我国新时代的意识形态安全建设提供了经验和启迪。因此研究美国、日本等为代表的发达资本主义国家，苏联、越南为代表的社会主义国家意识形态建设理论和实践规律，分析其成功经验与失败教训，显得几为重要。

第一节　发达资本主义国家意识形态建设的经验与启示

意识形态本身既有其社会历史基础，又会对社会历史发展产生相应的作用，科学合理的意识形态建设有助于经济发展、政治稳定和社会和谐。马克思在前人的基础上，将意识形态置于社会意识之中，作为上层建筑反映并反作用于经济基础。[①]意识形态在西方国家呈现出多种表现形式，既有自由主义、社会民主主义、保守主义等西方发达国家的主流意识形态；也产生了法西斯主义、纳粹主义等邪恶的思想形态。美国、英国、德国、法国等资本主义国家早已实现现代化，其中意识形态建设功不可没。当今中国正处于建设现代化、实现全面小康社会的征程中，学习借鉴西方发达国家意识形态建设的经

---

① 马克思，恩格斯 . 马克思恩格斯选集：第 1 卷 [M]. 中共中央马克思恩格斯列宁斯大林著作编译局，译 . 北京：人民出版社，1995：72.

验，取其精华、去其糟粕，可以帮助我们在建设现代国家的过程中少走弯路、不走歧路。

一、发达资本主义国家意识形态建设的有效做法

从意识形态理论创设之初，西方发达国家就将其置于核心位置，采取诸多举措进行本国、本党的意识形态建设。在长期的意识形态建设过程中，既呈现出一些具有共性的举措，同时各国也展现出不同的特点，为我们提供了较为成熟的历史经验。

（一）加大立法，让意识形态建设遵循法治精神，做到有法可依

西方发达国家是法治国家，主张宪法至上，遵守法律法规。整个国家社会经济活动都需要立法机关出台相关法律进行引导、监督规范。西方发达国家通常以立法的形式确保意识形态建设的顺利进行。美国是世界上最早通过《反亵渎国旗法》和《国旗保护法》的国家。该法律规定：任何有意污损、践踏、燃烧国旗，甚至把国旗铺置在地上的行为，都会受到惩处。20世纪90年代颁布的《美国2000年教育目标法》，明确要求学校成为无毒品、暴力、武器、酒精和有良好纪律与充满好学上进风气的场所。[①]德国是议会内阁制的国家，联邦议会处于权力核心。因此，联邦议会在意识形态建设中处于核心地位，它以立法的方式，指导政府部门、学校及社会组织的意识形态建设。除了立法权外，联邦议会还享有监督权，通过运用预算权、决议权、质询权或者成立专门委员会对政府的意识形态工作进行经常性控制。

（二）政府主导，让意识形态建设有序实施

西方发达资本主义国家的意识形态都是由政府主导，有序实施意识形态建设。美国政府在长期的意识形态建设中形成了一套行之有效的意识形态宣传方

---

① 赵康太. 试论美国思想政治教育的社会化、具象化和实践化路径 [J]. 思想理论教育导刊，2007（4）.

法，从美国社会的稳定程度，以及美国公民对美国精神的认同程度来看，其意识形态建设成效显著。美国政府的意识形态建设方式主要有以下方面：在政治上，美国政府宣扬所谓资产阶级自由民主观念、个性自由、三权分立，强调公民权利与责任共享；在经济上，美国奉行自由主义的经济政策，辅之以政府调控，并归纳出"华盛顿共识"作为发展中国家实施经济改革的指导原则，从而向发展中国家推行其意识形态观念；社会文化上，政府并不直接控制社会组织，而是以财政鼓励或者行政监管等方式，引导督促社会各界的意识形态建设朝着政府拟定的方向发展。德国政府的意识形态建设首先兴起于解决历史任务。联邦德国建立之后，为了彻底反省纳粹极权统治的历史，并促进民主、宽容和多元化的政治文化，在1952年建立"联邦政治教育中心"以及各州政治教育中心，它们是德国政治教育实践体系的核心部门，是具体工作的组织者和管理者。[①]其主要工作职能包括：规划指导学校的政治教育工作，并负责培训政治教育教师；编写意识形态教育大纲为课堂教学提供实际参考；面向民众开展形式多样的意识形态教育活动；研究意识形态领域的核心概念和关键理论并开展调查研究；引导民众形成正确的政治判断，通过互联网开展政治教育。[②]

（三）学校、家庭、社会共同参与意识形态建设

资本主义发达国家的意识形态建设除了政府主导之外，学校、社会以及家庭都参与到意识形态建设之中。例如，美国的高校教育体系完备、专业化程度高，可操作性强并且成效显著。[③]美国的大中小学校就将意识形态建设蕴藏于课余活动和社会服务之中。美国的校园生活内容丰富，形式多样，所有活动在开始时都要奏国歌。学生文艺团体还经常接受各种社会团体邀请，参加社会性服务和演出活动。对于学生参加诸如募集资金、竞选宣传、环境治理、为老年

---

① 傅安洲，彭涛，阮一帆.当代德国政治教育理论体系探析[J].比较教育研究，2007（5）.

② 阮一帆，傅安洲.德国政治教育国家资源体系及其对我国思想政治工作的启示[J].黑龙江高教研究，2007（10）.

③ 游敏惠，余惠琼.美国高校学生事务管理研究综述[J].重庆邮电大学学报（社会科学版），2008（1）.

人和残疾人服务、慈善工作等活动，政府和社会都非常支持。^①同时，美国各地多数博物馆都是免费开放，美国首都华盛顿有大量纪念性的建筑物，这些建筑物都与美国的历史和文明有关。进入 21 世纪，随着美国遭受"9·11"恐怖袭击，以及世界恐怖主义活动猖獗，反美情绪高涨，美国开始大力提倡爱国主义意识形态教育。^②综合来看，美国社会意识形态建设旨在培养个人主义的、独立自主的价值观念。

相比较而言，德国的学校系统在意识形态建设中发挥着更为重大的作用。大中小学校是德国最系统最基础的意识形态建设机构，学校教育的任务是使学生认同资产阶级民主政治的基本价值，培养政治参与的能力。德国学校体系中，政治教育课是必修课程，此外，还设有政治陶冶课。它是一门综合性的社会课，内容涵盖国家的社会经济政策、基础法律法规等方面的基础知识。^③德国的家庭也对意识形态建设做出了基础性的贡献。传统的德国家庭内部都是以父亲为主导的，父亲的决定就意味着家庭成员协商的结果。德国家庭以一种"自觉"的方式把道德传递下去，并且父母的意识形态选择也会对子女产生长期影响。另外，德国的意识形态建设也建立在与各类社会组织广泛合作的基础之上。

日本的学校体系在意识形态建设方面也发挥很大的作用。学校通过道德课进行意识形态教育，各学校可以自主编写教材。日本高校还强调不同学科之间的交叉、互动。地理、历史、数学均会有意识形态教育，通过具体课程的学习，了解日本的历史与现状，激发学生的爱国情怀、奉献精神；日本高校特别重视将意识形态教育渗透到社会实践活动中，经常开展的校外活动、讲座以及展览活动都蕴含着意识形态教育。另外，日本的大众传媒相当发达。

---

① 赵康太.试论美国思想政治教育的社会化、具象化和实践化路径 [J].思想理论教育导刊，2007（4）.

② 吕新云，张社强.美国、德国学校政治教育比较及借鉴 [J].思想教育研究，2009（81）.

③ 户可英，胡万钦.德国和日本大学生意识形态教育探析 [J].黑龙江高教研究，2013（12）.

人均每天使用媒体获取知识、交流互动的时间高达 5 小时①，各种新闻传媒机构在播送新闻资讯的同时，也传播其主流意识形态观念，潜移默化地进行着意识形态教育。

二、发达资本主义国家意识形态建设的特点

上述意识形态建设的做法，在美、德、法、日等发达国家产生了显著的效果。通过考察上述发达国家的做法，从中可以发现其意识形态建设的几个鲜明特点。

（一）意识形态建设依政党制度不同而呈现不同趋势

在选举政治之下，西方发达国家为了获得民众的拥护与支持，其意识形态建设基本都迎合选民需求。但是，由于西方发达国家实行不同的政党政治，所以，其意识形态建设也就呈现不同的特点。美国政治学家安东尼·唐斯在其著作《民主的经济理论》中探讨了政党制度对意识形态建设的影响。一方面，在稳定的两党制国家中，两党为了争夺中间选民，其意识形态宣传都会重点关注中间选民的需求，不同政党的意识形态不断接近。②因此，在稳定的两党制发达国家中，其意识形态建设日趋中间化。如美国的共和党和民主党，由于受"第三条道路"思潮的影响，两党在意识形态上的差别越来越小。另一方面，多党制国家中，多党面对的选民群体也是多样的，为了扩大本党在民众中的影响力和区别度，每个政党都着力强化自身意识形态的纯洁性及其与其他政党的区别性，因此政治的意识形态建设会出现多极化趋势。比如法国社会党为了保持左翼选民对其支持，进而获得执政机会，其在意识形态建设中，更加强调对资本主义的否定与批判，支持国家对社会经济活动的干预调控，法国社会党领导人还批评"第三条道路"以及布莱尔与德国总理施罗德的宣言，③以表明法国社会党自身并

① 户可英，胡万钦．德国和日本大学生意识形态教育探析 [J].黑龙江高教研究，2013（12）．

② 唐斯．民主的经济理论 [M].上海：上海人民出版社，2010：84-85.

③ 沈丹．从政党政治看欧洲社会民主党的意识形态右转——以英国工党、法国社会党、德国社会民主党为例 [J].社会主义研究，2013（3）．

没有模糊其意识形态立场。

（二）意识形态斗争由政治之争化为政策之争

意识形态最初被西方国家用于阶级斗争，为夺取政权服务，但是到 19 世纪以后，随着政治经济形势的变化，政治之争逐渐转化为政策之争。19 世纪末，欧洲政治经济局势大变，政治上，伯恩斯坦对马克思主义的修正，强调和平方式议会道路也能实现社会民主党的执政目标。经济上，随着战后社会经济的发展，民众生活水平的普遍提高，政治斗争形势日趋缓和，西方的左翼党派放弃资产阶级革命的主张，而加入竞争性的议会选举，期望通过和平方式掌握国家政权。政党之间在意识形态上的分野日渐模糊，阶级差异愈来愈小，代之以意识形态的融合。政党的意识形态建设越来越多元化、模糊化。就吸收党员而言，不再强调党员的政治忠诚以及坚定信仰，只要承认本党党纲和党章，均可以成为本党党员。美国政党制度中，只要选民在大选中，选择支持哪个党，他就是该党党员。[①] 有人称美国两党为"驴头象尾党"，即两党政治上的差异越来越小，甚至可以将两党合起来称呼了。因此，西方国家政党的政治意识形态之争日益缓和，代之以执政之后执政党如何实施公共政策的争论，聚焦于社会福利如何分配、政府管控到什么程度、如何划分议员选区等政策层面的问题。政治之争淡化为政策之争的另一个表现在于，执政党越来越强调政党管理，既包括执政党对政治生活的管理，也包括政党加强自身管理，强化行政层级。随着西方发达国家政党的政治吸引力下降，公众也日渐远离政党活动，出现了所谓的政党危机，即政党组织涣散、在党人数急剧下降等特征。[②]

（三）灵活使用传播方式进行意识形态建设

随着现代信息技术的发展，西方发达国家将新闻媒体作为意识形态建设主要阵地。为了使自己的意识形态成为社会上占统治地位的思想，西方国家一方

---

① 施雪华. 论西方政党体制内外组织结构的相互关系 [J]. 浙江社会科学，1998（2）.

② 徐锋. 社会运动、政策议程与西方政党政治的新变迁 [J]. 马克思主义与现实，2011（6）.

面通过新闻媒体传播其主流意识形态，以引导和教育广大民众。另一方面，它们凭借对新闻媒体的影响力有选择地播放新闻资讯，引导、塑造民意。此外，当代西方发达国家并不拘泥于传统传播媒介，进行简单灌输，而是以更加灵活多样、喜闻乐见的方式，传播其意识形态。在西方发达国家，利用网络媒体进行政治活动已经非常普遍。1960 年 9 月美国总统竞选史上第一次电视辩论在尼克松和肯尼迪之间展开，借助电视屏幕的良好形象，肯尼迪轻松战胜了尼克松。事后肯尼迪也表示，他能够入主白宫，电视辩论帮了很大的忙。在 2008 年美国大选中获得胜利的奥巴马，就因其竞选团队对网络新媒体的高度重视和充分运用，而被誉为"互联网总统"。① 受全世界影迷追捧的好莱坞电影，是美国价值观的宣传。② 此外，随着现代通信技术的发展，网络逐渐成为西方发达国家传播其意识形态的重要工具。到 21 世纪初，全世界将近 1250 个政党建立了自己的网站，在欧美地区，每个国家平均有大约 40 个政党网站。③ 这表明西方发达国家利用网络，创新宣传形式，增强宣传效果，以互联网的形式宣传本党的宗旨，吸引选民的支持。

（四）意识形态宣传策略更具隐蔽性

美苏争霸、苏东剧变之后，为冷战服务的、针锋相对的意识形态宣传战逐渐被更缓和、更隐蔽的宣传策略所取代。西方发达国家在意识形态建设过程中，整合了多种力量进行意识形态建设，使其意识形态建设更不易被察觉，更具隐蔽性。首先，意识形态输出手段与过程更隐蔽，巧妙利用各种活动传播西方价值观。如美国利用举办奥运会和发射航天飞机这样的活动和机会，大力宣扬所谓的美国精神。④ 同时，西方发达国家也注重向国外输出其主流意识形态，输出的载体是电影、图书等文化产品。例如，好莱坞电影宣扬的英雄主义精神、

---

① 余源培. 新媒体与意识形态建设 [J]. 河北学刊，2013（1）.

② 石国亮. 西方国家对青年和青年组织意识形态渗透的手段研究 [J]. 中国青年政治学院学报，2007（6）.

③ 王瑜. 互联网对西方政党政治的影响 [J]. 中国党政干部论坛，2005（8）.

④ 孟迎辉，邓泉国. 西方发达国家意识形态工作的隐蔽性 [J]. 求是，2010（13）.

个人主义价值等。其次，意识形态宣传内容的隐蔽性。一方面，西方国家的意识形态观念并非一个单独的学科，而是蕴含在人文社科、大众文化的研究成果、出版著作之中，使得民众在接受国民教育、参与社会文化活动的过程中，不经意间习得了意识形态观念，形成了一套价值体系。另一方面，西方国家的意识形态教育经常蕴含在宗教活动中，政府积极利用宗教教化民众，宣传西方主流价值。最后，输出意识形态方式的隐蔽性。随着经济全球化，发达国家与发展中国家的联系日益紧密。发达国家在输出经济产品的同时，也要求输入国接受符合西方发达国家要求的政治经济改革，从而达到其输出意识形态的目的。例如，南美洲依据"华盛顿共识"实施的政治改革，以及非洲国家接受西方发达国家经济援助时还要接受相关政治条款。当前，当代西方发达国家越来越以潜移默化的方式宣传其意识形态观念，使受众在享受社会文化产品以及经济实惠时，接受其背后的思想观念。

三、发达资本主义国家意识形态建设的现实启示

西方发达国家意识形态建设成效显著，为其社会经济发展提供了强大的精神力量，也为后发现代国家开展意识形态建设工作提供了可资借鉴的经验。一方面，西方发达国家的做法体现了意识形态建设的共同规律；另一方面，英、美、日等发达国家意识形态建设的成功也源于其根据具体国情产生了不同的意识形态建设举措，后发现代国家加强意识形态建设尤其需要考虑国家自身的特殊发展阶段以及特殊情景。

（一）意识形态建设必须坚持核心价值观，倡导主流价值

西方发达国家大力提倡所谓自由民主价值，提倡个人主义原则，实行多党制度与选举政治，这些意识形态观念深入本国民众人心，成为国民共享的主流价值观念，为维护其政治统治、社会稳定做出巨大贡献。后发现代国家也必须积极倡导自己的核心价值观，形成主流民意。改革开放以来，中国的社会经济发生了翻天覆地的变化，国家意识形态建设的中心任务不再是以阶级斗争为纲，

意识形态建设开始为经济建设服务。面临新形势新任务，为了推进中国特色社会主义意识形态发展，必须不断加强马克思主义理论的研究与创新，加强马克思主义理论对新中国现实的解释力，积极推进马克思主义中国化，同时积极培育发展中国化的马克思主义。社会主义意识形态并非僵化体系，它为了丰富发展，既要实事求是，从实践中总结经验教训，更要吸收借鉴人类优秀文化成果。一方面，吸收借鉴西方国家的优秀文化，做到为我所用；另一方面，作为一个拥有五千年文明的国度，我们应该学习继承古人优秀的文化。社会主义核心价值体系的丰富发展充分体现了社会主义意识形态建设的趋势。[1] 当前，积极培育和践行社会主义核心价值观，既是意识形态建设需要，也是当前社会经济发展的要求。[2]

（二）意识形态建设需要与时俱进，面向大众，增强代表性

执政党获得越广泛的社会认同，执政党的合法性就更加巩固。意识形态建设，首先，要面向大众，其内容要避免抽象的说教，要反映民众的利益诉求；其次，将意识形态寓于大众化文化和群众喜闻乐见的文体娱乐活动中。西方发达国家为了吸引选民、扩大影响力，实现其长期执政的目标，经常根据国内外时势、时代新精神，调整意识形态内容，增强意识形态的包容性与涵盖面以满足不同阶层的利益需求，维护本国社会的稳定与发展。在中国，随着社会主义市场经济的发展完善，市场在资源配置中的基础性作用已经得到公认，民众的道德观念和行为方式也发生了深刻变化，部分原有的适应于计划经济的道德规范已经不能适应新情况，这些情况都需要意识形态建设与时俱进，不断创新符合新形式的意识形态观念。中国共产党的宗旨就是为人民服务，也是社会主义政党区别于资产阶级政党的标志。在党的十三届四中全会以后，逐步形成"三个代表"重要思想，始终代表中国最广大人民的根本利益，就是扩大中国共产

---

① 侯惠勤. 我国意识形态建设的第二次战略性飞跃 [J]. 马克思主义研究，2008（7）.

② 中共中央办公厅印发《关于培育和践行社会主义核心价值观的意见》[EB/OL].（2013-12-23）[2018-05-19].http：//news.xinhuanet.com/politics/2013-12/23/c_118674689.htm.

党代表性、群众基础的创举。面对人民内部矛盾，不能采取针对阶级敌人的方式处理，意识形态观念应从革命年代以及新中国成立初期的斗争哲学所立足的改造人、教育人，转向关心人、激励人，突显意识形态建设中以人为本的理念。①

（三）意识形态建设应该实事求是，符合具体情境

在 21 世纪，信息传播迅速、方式多样，传统的意识形态宣传方式明显过于单一、迟缓。新闻媒体已成为非常强大的宣传机器，网络媒介早已成为意识形态建设的新阵地。西方发达国家借助各种新闻媒体和舆论机构，在传播其意识形态主张、形成主流民意并巩固其政治统治的合法性方面成效显著。后发现代国家应该加大对社交网络、新闻媒体、出版机构的引导和监督，利用媒体加强与民众的沟通。传播主流意识形态思想，扩大意见交流，杜绝反动、极端的思想观念的传播。使其意识形态化抽象为具体，易于民众的理解和掌握，并最终认同和接受。同时，后发现代国家要理性回应西方发达国家的意识形态挑战，吸收世界各国优秀的文明成果，丰富自身意识形态内涵。意识形态建设从民众的现实需求出发，解决现实问题。运用新闻媒体进行意识形态建设时，首先，要依靠广大民众。人民群众既是新闻媒体信息的接受者，也是传播者。加强新闻媒体、社交网络的意识形态建设能够更加深化意识形态传播的广度与深度。其次，运用科学知识、新闻传播理论，以专业的视角、科学的理论指导新闻媒体中的意识形态工作。最后，加强新闻媒体、社交网络中的法律监管，包容网络意见交流、自由对话、惩治网络暴力、杜绝虚假消息，维护言论环境。

（四）意识形态建设应与社会组织开展广泛深入合作

意识形态建设要增强系统性，引导和支持社会团体积极参与意识形态建设。要积极引导、严格规范基层自治组织、社团、博物馆开展意识形态建设工作。首先，遵循专业分工原则。意识形态的研究、传播工作涉及不同专业领域，研

---

① 陈锡喜 . 当前意识形态工作面临的矛盾和加强意识形态工作思路的探索 [J]. 毛泽东邓小平理论研究，2005（5）.

究者、教育者、家长之间明确分工、相互合作才能使意识形态工作更有效率。其次，加强意识形态建设相关人员的教育与培训，了解意识形态建设的核心问题以及相关领域的先进经验，使之能够胜任意识形态建设工作。再次，加大财政支持力度，重点支持基层组织和社团的意识形态建设。最后，加快建设监督管理机制，组建专家团队对社会团体、学校、基层组织的意识形态工作进行指导和监督。我国的基础教育虽然有一系列课程与课外活动提供意识形态教育，也存在班集体、少先队和共青团组织，但是，意识形态建设的目标并不太明确。根据学者的研究，无论是中小学德育大纲还是教科书中，都缺乏公民课内容。[1]这反映出意识形态教育不完善。另外，由于中国农村地区人口占全国总人口比重大，文化素质相对较低，要不断创新文化宣传手段，以人民群众喜闻乐见的方式向广大民众传播意识形态观念，加强基层政治文化建设。

总之，国家的意识形态建设是一项重要的基础工程。科学合理的意识形态建设将利于经济发展、政治稳定以及社会和谐。当前要在结合国情的基础上，形成一套有中国特色的意识形态建设体系。我国的意识形态建设是一项需要社会各界广泛参与的工作，只有大力倡导社会主义的核心价值观，大力整合政党、政府、社会、学校的力量，才能营造意识形态建设的良好氛围，才能为新常态下中国特色社会主义的发展保驾护航。

第二节　国外社会主义国家意识形态建设的考察及启示

从第一个社会主义国家苏联成立之日起，世界上就开始存在着资本主义和社会主义两种性质根本不同的意识形态。研究国外社会主义国家的意识形态建设问题，包含了在不同历史阶段上社会主义国家的意识形态建设，这些国家主要包括苏联以及当今除中国以外的其他四个社会主义国家，即朝鲜、古巴、越南、老挝的意识形态建设。考察国外社会主义国家意识形态建设的曲折历程并在此基础上汲取他们的经验和教训，以探析中国意识形态建设的独

---

① 万明钢.论公民教育[J].教育研究，2003（9）.

特国情和建设方式方法，对巩固中国特色的社会主义国家制度具有重大的理论和现实意义。

一、国外社会主义国家意识形态建设的历史经验

苏联是在十月革命后在俄国这样一个处于资本主义的薄弱链条上落后的国家建成社会主义制度的，这和马克思主义经典作家所描述的在经济基础发展到一定程度建立社会主义的设想有所不同。即便如此，俄国在经过第二次世界大战的洗礼之后逐渐发展成为当时世界上唯一可以与美国相抗衡的超级大国。当代朝鲜、古巴、老挝、越南四个社会主义国家经历了东欧剧变、苏联解体这一世界性历史事件，社会主义的意识形态建设不断地向前发展，出现生机勃勃的发展态势。上述国家意识形态建设历程给我国意识形态建设带来了发展道路和建设思想等方面的经验，为我国建设和巩固马克思主义的主流意识形态地位提供了有益借鉴。

（一）巩固与发展：强大的社会主义意识形态建设是苏联成功的重要支柱

苏联对社会主义意识形态建设的探索，严格来说从列宁时期就已经开始出现并得到了很大发展。斯大林在任期间，苏联在意识形态上逐步实现高度集中并体现苏联"特色"。这两个时期以及之后苏联的社会主义意识形态都有值得关注和加以区分的地方，有很多历史经验值得我们借鉴和学习。

把经济建设作为党的中心工作，且始终坚持社会主义国家经济制度。列宁在领导俄国二月资产阶级革命和十月社会主义革命取得胜利后，正式创建了与资本主义相对应的第一个用马克思主义指导的社会主义国家。在经济建设方面，列宁在战后取消了战时共产主义政策，实行了有利于国民经济的新经济政策，不断探索利用国家资本主义的手段实现向社会主义的过渡路径。他指出："既然建立社会主义需要一定的文化水平，我们为什么不能首先用革命手段取得这个一定水平的前提，然后在工农政权和苏维埃制度的基础上赶上别国人民

呢？"①在列宁看来，在俄国这样的落后小农国家建设社会主义是可能的，社会主义可以在一个或者几个国家首先取得胜利。列宁认为在社会主义取得胜利之后，国家的工作重心必须由革命转向建设时期的经济和文化发展。列宁在谈到通过合作制来实现向社会主义过渡时曾经指出："没有一场文化革命，要完全合作化是不可能的。"②从这个意义上来看，列宁试图在一定程度上通过文化的和社会政治的变革来实现向社会主义的过渡。在列宁之后，斯大林成为苏联政治舞台上影响深远的一位政治理论家。斯大林通过坚持列宁的一国建成社会主义的观点，同布哈林和季诺维也夫等展开争论，在一定程度上保证了列宁思想的延续性。在经济上，斯大林主张结束列宁时期的新经济政策，重视发展重工业。他指出："决定我们政策的一个基本事实，就是我国在经济发展上已进入新经济政策的新时期，进入直接工业化的时期。"③从这里可以看出斯大林在对待新经济政策上的态度，斯大林尤其重视工业化的发展，把当时社会发展看成是进入了新经济政策的第二个时期，指出"现在我国经济状况中最重要和最突出的一点，就是重心已转移到工业方面了"④。斯大林认为，在新经济政策时期，由于发展的客观限制，把农业发展摆在首位是合理的，可以为工业的发展提供前提的客观条件，必须要使得工业化的发展成为发展的重心。在发展重工业的同时，斯大林认为必须要巩固工农联盟。在农村广泛开展农业集体化运动，农民实现普遍的合作化，实行高度集中的政治经济体制。赫鲁晓夫、勃列日涅夫以及戈尔巴乔夫在进行建设时基本上都保持了社会主义公有制主体地位、坚持了集体农村这种社会主义发展方式，社会主义在大方向上得到了坚持。

---

① 列宁.列宁全集：第 43 卷 [M].中共中央马克思恩格斯列宁斯大林著作编译局，译.北京：人民出版社，1995：371.

② 列宁.列宁全集：第 43 卷 [M].中共中央马克思恩格斯列宁斯大林著作编译局，译.北京：人民出版社，1995：368.

③ 斯大林.斯大林选集：上卷 [M].中共中央马克思恩格斯列宁斯大林著作编译局，译.北京：人民出版社，1979：459.

④ 斯大林.斯大林选集：上卷 [M].中共中央马克思恩格斯列宁斯大林著作编译局，译.北京：人民出版社，1979：461.

重视意识形态在上层建筑中的特殊作用，并作为一项极端重要的工作。列宁特别看重马克思主义、社会主义在意识形态形态建设上的主流的指导地位，作为首个社会主义国家的开创者，在加强马克思主义宣传和思想理论建设上做了大量的工作。列宁认为，要实行社会主义民主，而并非西方资本主义那样形式上的民主，主张让广大的人民群众来管理国家，同时强调了要坚持无产阶级专政，并且强调要不断提高先进生产力在社会主义国家的基础性作用。列宁在社会主义国家意识形态的建设和社会主义道路的探索上留下了许多值得借鉴的历史经验。在社会主义革命能否在落后国家出现，在革命结束后如何建立社会主义的基础来实现向社会主义的过渡等历史性问题上都做了有效的探索。他丰富发展了马克思主义关于社会主义意识形态的理论，对之后包括我国在内的社会主义国家探索社会主义发展道路有着重要的指导意义。斯大林在涉及政治领域的建设上，明确提出要实行党内民主，维护党的统一。他指出："忠实而坚决地实行党内民主，提高党员群众的积极性，吸引他们来讨论社会主义建设的基本问题。"[①] 这表明斯大林在一定程度上很重视党内民主的建设，试图通过党内民主来团结一些力量实现社会主义建设。同时又认为，党内民主并不等同于各个派别集团的自由，而且进一步认为这是两种截然对立的思想观念。在涉及政治斗争的问题上，认为党的思想体系中还存在着一些不健康的思想残余，有资本主义、反列宁主义、离开马列主义的等错误思想倾向，需要不断进行改造、消灭。在组织和领导的问题上，指出了在管理上的官僚主义问题，很多方面缺乏实际的具体领导，导致管理过程中责任落实不到位，缺乏动力机制。

重视理论创新和实践控制，思想文化领域的意识形态建设成为重要支撑。在列宁时期，就十分重视社会主义文化建设，主张要发展社会主义的文化，要进行"一场深刻的'文化变革'或者'文化革命'"[②]，而这个变革在其范围上主要包括两个方面，即精神文化和物质文化两个方面的发展变革。同时，无

---

① 斯大林.斯大林选集：上卷 [M].中共中央马克思恩格斯列宁斯大林著作编译局，译.北京：人民出版社，1979：479.

② 王伟光.社会主义通史 [M].北京：人民出版社，2011：162.

产阶级的政治革命和文化变革有着不可切分的联系，前者是后者的前提，后者可以为前者提供给巩固的保证。他指出："现在摆在我们面前的是文化任务，是消化那个应该而且能够得到贯彻的政治经验。或者是断送苏维埃政权所取得的一切政治成果，或者是为这些成果奠定经济基础。"[①] 斯大林作为国家和党的政治领导人，直接在理论领域的争论上进行干预并发表他自己的看法。斯大林的上述做法，对于在当时减少非无产阶级思想，减少对刚刚建立起来的社会主义国家的不利影响方面起了重要作用，这也是在当时的历史条件下苏联社会主义建设能够沿着正确的方向发展的重要原因。可见，斯大林关于意识形态建设的思想中具有一定的积极成分，并在苏联社会主义的巩固和意识形态建设上起过重要的积极意义。斯大林的《苏联社会主义经济问题》《马克思主义语言学问题》论述了社会主义条件下经济基础和上层建筑之间的关系，指明上层建筑对于经济基础的服务作用和反作用，也在相关论述中表述了社会主义文化建设的重要性。赫鲁晓夫时期，苏联出现了新的缓和局面，苏联哲学开始了人道主义的历史倾向。赫鲁晓夫在苏共二十大上的秘密报告对斯大林的批评也在一定程度上对减少个人崇拜有一定的历史意义，"相对于斯大林时期的控制和高压政策，赫鲁晓夫时期充满'解冻'的氛围"[②]，这表明理论界对于赫鲁晓夫时期的社会主义意识形态建设改革有肯定之处，并在总体上肯定和践行了马克思列宁主义思想在本国意识形态建设根本方向上的指导性和主流地位。

（二）当今世界其他社会主义国家意识形态建设的历史经验

20 世纪 80 年代末 90 年代初，随着东欧剧变、苏联解体，社会主义遭受到重人挫折，但朝鲜、古巴、老挝、越南这四个社会主义国家同中国一样，面对着世界上对社会主义制度和意识形态的种种质疑，不断探索社会主义的建设路径，并摸索出新的适合本国国情的社会主义建设道路。

---

① 列宁. 列宁全集：第 42 卷 [M]. 中共中央马克思恩格斯列宁斯大林著作编译局，译. 北京：人民出版社，1995：194-195.

② 李萍. 当代国外社会主义意识形态发展导论 [M]. 北京：人民出版社，2010：50.

朝鲜、古巴、老挝、越南四个国家在本国的意识形态建设上有着许多值得我们深入借鉴的地方。朝鲜在社会主义意识形态建设中，特别重视"加强党的领导和对群众的思想教育，抵制西方的思想文化渗透和'和平演变'"[1]，坚持了社会主义道路不动摇。在朝鲜所提出的主体社会主义思想中，政治上的自主就是要坚持独立的政治路线，坚持从本国自立出发。古巴社会主义意识形态建设过程中，古巴共产党把爱国主义和马克思主义相结合，认为古巴的革命事业是马蒂在古巴没有完成的事业的继续，另外在发展古巴的经济建设时，也同时强调精神文明和道德的建设，确立古巴共产党在国家中的最高的领导地位。古巴认为自身"到现在处于社会主义的建成阶段，目标是巩固和扩大社会主义的生产关系"[2]。这表明古巴在国家意识形态建设的探索中，对于发展阶段问题有比较着清晰的认识。老挝在本国意识形态建设道路的摸索中，提出了一个"六项原则"，主要涉及马克思列宁主义作为国家的思想基础，坚持老挝共产党对老挝社会主义的领导，在民主集中制原则基础上发扬社会主义民主、坚持人民民主专政等思想，在政党上严格坚持老挝共产党对于全国的绝对领导，着重在党员思想政治、党的各级组织的机构设置等方面来不断加大党的建设工作。越南在自身国家意识形态建设进行时，强调本国的共产党必须要引领和发展建设社会主义的意识形态，必须在发展社会主义的方向上绝不改变和动摇，提出要反对腐败，防止社会主义被西方"和平演变"，主张健全社会主义法制和民主，由劳动人民来当家做主。在文化上，越南共产党着力提倡要发展带有先进性同时又要结合本国实际的特色文化发展路径。越南社会主义意识形态建设明显地结合了本国国情。

朝鲜、古巴、老挝、越南基本上都从本国的实际出发，结合社会主义意识形态建设的实际，在坚持马克思主义经典作家关于社会主义发展的大方向的前提下，着重结合本国的具体条件来看待和进行社会主义意识形态建设。这些国家的做法坚持了马克思主义经典作家所提倡的建设社会主义制度的国家根本特

---

[1] 周向军，徐艳玲，高奇.走进社会主义殿堂 [M].济南：山东大学出版社，2009：299.

[2] 周向军，徐艳玲，高奇.走进社会主义殿堂 [M].济南：山东大学出版社，2009：306.

质,在意识形态上建设过程中一直随着马克思主义关于社会主义的设想而发展,并与本国实际相结合,取得了较为显著的效果。

二、国外社会主义国家意识形态建设历程对中国特色社会主义发展的现实启示

在意识形态建设问题上,一国能否坚持正确的指导思想和前进方向,对于国家的存亡以及政党的合法性都至关重要,我们应当汲取国外社会主义国家在本国意识形态建设中的有关经验和教训,不断探寻对我国当前意识形态建设的有益启示。

(一)要用科学的态度继承和发展马克思主义,探索适合本国特色的意识形态建设道路

社会主义国家发展中能否坚持正确的、科学的社会主义,是不是有共产主义理想必然会实现的坚定不移的信心和决心,在整个社会主义发展史上是一次历史性的巨大考验。只有将马克思主义基本原理、基本方法同实践当中遇到的具体现实相结合,才能找到发展社会主义的正确路径,否则,在实践发展过程中可能出现一系列偏差和问题。社会主义国家的建设发展中,教条式的照抄照搬马克思主义经典作家的某些理论和构想,片面理解社会主义发展建设中的各项实践,加之对什么是社会主义的真正实质没有正确认识,所有这些都使得社会主义建设中会出现各种各样的曲折和困难。因此必须在态度上摆正对于社会主义和马克思主义的认识问题,坚持用历史的、辩证的态度对待马克思主义、对待社会主义建设的历史经验,破除对教条的、僵化的社会主义建设理论和经验的盲目迷信,用实事求是、灵活多变的方式来进行社会主义发展道路的深入探索。其次,从历史发展中的实践来看,不论发展模式如何特殊,既然是社会主义的发展模式,就绝不能向着非马克思主义甚至反马克思主义的错误方向发

展，必然要坚持马克思主义的发展方向。在发展的过程中，要深刻吸取苏联贸然丢弃科学社会主义道路转而向着非马克思主义、非科学社会主义的方向的教训。正如有的学者评论的那样，"从意识形态来说，是一股反马克思主义的资产阶级思潮"[①]。我们建设中国特色的社会主义道路，必须时刻在思想上深刻认识到，在实践上坚持做到把理论和历史经验与我国的现实国情、现实社会发展程度相结合，探索适合我国社会主义意识形态建设的新的发展道路。

（二）正确分析和认识领袖的作用，防止意识形态建设上的盲目崇拜

国外社会主义国家在本国意识形态建设过程中，其领导人在很多时候以个人观点来作为社会主义意识形态建设中判断正确与否的标准，个人专断和迷信领导权威在社会上引起高度的盲从，"导致社会主义意识形态建设的任务看似是由党的领袖完成的"[②]。在我国的社会主义意识形态建设中，要不断发展社会主义的民主和法治，用民主和法治来约束个人专断和盲目崇拜的错误倾向。我国的社会主义意识形态建设必须加强党对意识形态建设的领导，绝对不能走苏联那种放弃马克思主义指导地位，放弃党的领导的老路。中国共产党要正确地认识社会主义意识形态建设在我国社会主义国家建设和发展中的重要作用，在意识形态建设的进程中领导权问题必须牢牢把握不能放弃。

（三）要始终坚持党对社会主义意识形态建设的领导，并不断加强党的自身建设

"社会主义国家的问题关键在党"[③]，因此，意识形态问题建设的关键也在于党的领导。苏联社会主义制度能够建立和发展，根本上在于有一个比较成熟的共产党的领导，在之后的发展中也正是由于放弃了苏共对于社会主义建设的领导作用，鼓吹放弃党的领导，从而逐渐放弃了马克思列宁主义对苏联共产党的指导。苏联共产党在思想上提倡"自由化"，在组织上中央高度集中和内

---

① 顾海良.马克思主义发展史[M].北京：中国人民大学出版社，2015：532.
② 李萍.当代国外社会主义意识形态发展导论[M].北京：人民出版社，2010：90.
③ 叶庆丰，白平浩.社会主义发展史纲[M].北京：中共中央党校出版社，2011：265.

部极度分裂相对应而存在，官僚主义的作风严重影响了党的先进性，党在领导发展社会主义时没有凝聚力、缺乏号召力，很难在社会危急时处理好复杂的局面，获得群众的支持。因此，苏联共产党失去了作为无产阶级政党的先进性，使得苏联最终走向灭亡。我国在社会主义意识形态建设中，要坚持中国共产党的领导，坚持马克思主义的指导思想。中国共产党始终是我国意识形态建设的领导者，也是社会主义旗帜的引领者，要时刻用历史的、发展的眼光看待中国的社会主义意识形态建设，要始终保持危机意识，增强自身的忧患意识，从苏联及各个社会主义国家建设社会主义的历史经验中学习经验教训，把握社会主义的发展方向。作为执政党必须时刻体现先进性，发挥先锋模范作用，要在政治方向、社会文化发展上提供正确的引导，要坚持文艺思想领域的百花齐放、百家争鸣的"双百方针"，同时发展社会主义的思想文化。要不断坚持反对腐败，始终考虑广大人民的利益诉求和现实需要，使广大的人民成为党执政的最大的保障。

（四）必须坚持马克思主义指导地位，妥善处理意识形态建设主导性和多样性的关系

在资本主义大行其道的今天，社会主义国家里的社会主义思想和形形色色的非社会主义的思想同时存在，并发生着激烈的对撞。处理各种思想之间的碰撞和冲突成为社会主义国家在意识形态建设上必须做好的事情。在全世界资本主义盛行的背景下，苏联作为首个社会主义国家，为了保持社会主义的本质不发生变化，十分注重社会主义意识形态的控制，始终强调马克思主义、社会主义思想的单一性，并在思想上进行绝对的控制，甚至用极端的手段来对其他意识形进行极端的打压和无情的清除，"进行意识形态的僵化控制"[①]。苏联在意识形态建设的最后阶段，走向了与之前完全极度相反的另一个维度，表现为过分地强调社会主义意识形态建设中的多样性及公开性，导致意识形态领域出现极大的混乱局面，致使党在最后也对社会主义、对共产主义失去信心，对社

---

① 李萍 . 当代国外社会主义意识形态发展导论 [M]. 北京：人民出版社，2010：96.

会主义意识形态的本质产生极端化、偏离轨道化的理解，最终致使一个社会主义大国的彻底颠覆。因此，社会主义国家意识形态建设既要坚持马克思主义指导地位，又要妥善处理意识形态上的主导性和多样性的关系。

资本主义和社会主义作为两种社会发展形态将长期共存，在意识形态领域的思想斗争也必然长期存在。在这种形势下，社会主义意识形态建设中必须要全面、准确地把握意识形态建设中的主导性和多样性的具体关系，创造性地运用多种手段处理各种矛盾关系。在不排斥多样性的同时，必须要始终坚守马克思主义在社会主义国家的意识形态建设中的主导性地位和指导性作用。总体来看，国外社会主义国家意识形态建设在很多方面存在着值得我们学习和借鉴的地方，他们在经济、政治、文化以及意识形态建设的方方面面上都探索和实践了适合于各个国家现实情况的道路，较好地坚持了社会主义大方向、坚持了党的领导等。另外，在社会主义建设中要尽量防止领导人物的过度集权以及个人崇拜，坚持从本国国情、社会的具体实际出发探索社会主义意识形态建设的新路径，这些都是值得我国借鉴和发扬的。

第四章　新时代中国意识形态安全面临的挑战

意识形态作为上层建筑的重要组成部分，不仅在党的建设、国家发展中发挥着不可替代的作用，而且在全球治理中具有独特价值。习近平强调，意识形态工作是一项事关党和国家发展全局的重要工作，"能否做好意识形态工作事关党的前途命运，事关国家长治久安，事关民族凝聚力和向心力"[①]。随着中国综合国力日益增强，面对全球问题、人类困境、世界难题，世界愈来愈迫切需要听到中国声音、阐释中国方案、贡献中国智慧。随着当今世界政治经济格局的大变革大调整，中国作为人口最多的社会主义国家，意识形态安全局势非常复杂。综合来看，当代中国意识形态安全面临的挑战具有多样性、复杂性、长期性等特点，从挑战的主体来源来看，包括内部挑战和外部挑战；从挑战的要素组成来看，包括意识形态的内容和传播手段方面的挑战；从意识形态作用运行机制来看，包括意识形态阐释、建构、传播、认同、转化等方面的挑战。

第一节　主流意识形态阐释与建构面临的挑战

主流意识形态的阐释及其成效直接影响着主流意识形态的感召力、吸引力

---

① 中共中央文献研究室.习近平关于全面建成小康社会论述摘编[M].北京：中央文献出版社，2016：103.

和认同度，因此，主流意识形态的阐释能力弱化是意识形态安全危机的重要根源。新时代中国面对世情、国情、党情的深刻变化，在增强主流意识形态的阐释力方面存在多种挑战。作为当代中国主流意识形态的马克思主义，不是一个一成不变的思想体系，而是一个不断发展的思想体系，它的这种开放性是马克思主义的基本理论品格之一。马克思主义理论的开放性集中体现在马克思主义中国化的接续推进方面，具体表现为马克思主义的阐释与建构。这一过程的完成要从具体的历史的环境出发，正如恩格斯在《共产党宣言》1888 年英文版序言中指出：“每一历史时代主要的经济生产方式和交换方式以及必然由此产生的社会结构，是该时代政治的和精神的历史所赖以确立的基础，并且只有从这一基础出发，这一历史才能得到说明”①。主流意识形态的阐释和建构就要不断分析新矛盾、解决新问题、实现新认同，现实的复杂性对其提出了严峻的挑战。

一、主流意识形态的影响力需要加强

改革开放以来，西方各种思潮相继传入中国，包括 “新自由主义”、历史虚无主义思潮、民主社会主义思潮、民族主义、民粹主义等，尽管不同思潮的主张各异，但其背后政治诉求殊途同归。它们提出否定革命、“告别革命”的政治要求，认为革命只起破坏作用，没有历史进步意义。它们甚至赞颂改良主义和殖民化哲学，宣扬“殖民有功论”，只强调殖民的附带积极作用，而忽视殖民的残酷性，认为中国近现代史是从“以英美为师”的“近代文明主流”，走上了“以俄为师的歧路”，从而宣称经济文化落后的中国不具备走向社会主义的条件。其进一步认为新中国成立后确立起的社会主义制度，不过是小资产阶级的空想社会主义和专制主义，从而放弃马克思主义在意识形态领域的指导地位，否定中国的社会主义制度和改革开放的基本国策，企图把中国特色社会主义道路与西方资本主义道路并轨。

---

① 马克思，恩格斯 . 马克思恩格斯文集：第 2 卷 [M]. 中共中央马克思恩格斯列宁斯大林著作编译局，译 . 北京：人民出版社，2009：14.

阐释和建构当代马克思主义，就是要实现马克思主义的民族化和当代化，本质就是运用马克思主义的基本立场、观点和方法，分析中国问题，解决中国矛盾，探索中国道路。

不可否认的是，马克思主义的"本土化"仍然是一个有待继续深化的问题。发展马克思主义不是一蹴而就的，"时代是思想之母，实践是理论之源"，实践永无止境，理论创新也就永无止境。同时，国内思想界各种思潮杂乱纷呈，以新儒学为代表的文化保守主义，自称是中国传统文化的精华，倡导以儒学思想为根，为中国现代化提供精神动力的支撑。文化保守主义尤其是新儒学思潮的兴起，对当今推动马克思主义中国化进程提供了一定的思想资源，也造成了不少障碍。它们宣称中国传统文化为中国现代化道路提供了深厚思想资源，并对马克思主义的传播持有抵制态度，坚持认为马克思主义作为西方的舶来品与中国的传统土壤格格不入，更不能用马克思主义的理论指导中国的现代化道路。新时代的中国，实现马克思主义的中国化不是文化保守主义或者文化复古主义，而是要实现对中华优秀传统文化的创造性继承和创新性发展，真正做到"不忘本来，吸收外来，面向未来"的深度融合，才能够实现当代马克思主义的有效阐释和建构。

二、主流意识形态宣传内容与群众现实需求需要更加适应

马克思主义历来重视人民群众利益的实现。无产阶级政党的第一个纲领性文献《共产党宣言》鲜明地提出："一方面，在无产者不同的民族的斗争中，共产党人强调和坚持整个无产阶级共同的不分民族的利益；另一方面，在无产阶级和资产阶级的斗争所经历的各个发展阶段上，共产党人始终代表整个运动的利益。"[①] 这充分体现了无产阶级政党及其意识形态的人民性。习近平《在纪念马克思诞辰200周年大会上的讲话》深刻阐释了马克思主义人民性的内涵，

---

① 马克思，恩格斯. 马克思恩格斯选集：第 1 卷 [M]. 中共中央马克思恩格斯列宁斯大林著作编译局，译. 北京：人民出版社，2012：413.

深刻指出"马克思主义第一次站在人民的立场探求人类自由解放的道路，以科学的理论为最终建立一个没有压迫、没有剥削、人人平等、人人自由的理想生活指明了方向"①。而这种性质的体现和实现必然要求回应民意诉求，以科学社会主义为指导的无产阶级运动，就是代表绝大多数人、为绝大多数人谋利益的运动。这一运动的有效推进存在一个阶级思想大众化的问题，通过大众化的过程将无产阶级关于未来社会的设想和实现路径，转化为最广大人民的思想觉悟。这个过程的完成体现着无产阶级自身的转变和以无产阶级为中介的广大人民群众的转变，实现这个转变的基本条件就是理论对群众需要的满足，完全脱离实际的纯粹思辨的理论是难以转化为现实实践的。理论在一个国家实现的程度，从根本上取决于它是否以及在何种程度上满足这个国家社会发展需要的程度。

作为中国工人阶级、中国人民和中华民族先锋队的中国共产党，在意识形态领域始终强调坚持马克思主义的指导地位，体现出党的意识形态工作将维护和发展人民群众的根本利益作为基本遵循，作为一切工作的出发点和落脚点。正如邓小平曾经指出的："中国共产党的含意或任务，如果用概括的语言来说，只有两句话：全心全意为人民服务，一切以人民利益作为每一个党员的最高准绳。"②尽管如此，由于各种历史因素，意识形态思想宣传内容与人民群众的现实需要仍然存在不相适应的情况，症结在于意识形态传播机制不够完善。例如，在我国的大众传媒领域，在利益主导型市场经济推动下，各级党委和社会各类组织团体积极参与到意识形态传播建设工作中，各种题材的影视作品层出不穷，发展了文化事业，丰富了文化生活。但是，个别作品丧失了文化产品的基本导向作用，有的作品甚至偏离了群众的现实需求。这些产品和现象削弱了主流意识形态的价值性和导向性，在一定程度上对主流意识形态起到消解作用，不利于维护主流意识形态的吸引力和感召力。

---

① 习近平 . 在纪念马克思诞辰 200 周年大会上的讲话 [M]. 北京：人民出版社，2018：8.
② 邓小平 . 邓小平文选：第 1 卷 [M]. 北京：人民出版社，1994：257.

三、主流意识形态思想宣传与时代发展要求需要更加契合

一方面，主流意识形态思想宣传的计划体制要与市场化、全球化、信息化的竞争环境相适应。当代资本主义在经历了几次大规模的经济危机以后，以既有的经济实力为基础，优先发展科学技术，并不断变革生产关系，在一定程度上促进了生产力的进一步发展，实现了资本主义新一轮的发展，因而资本主义仍表现出一定的生机活力。资本主义国家利用资本主义发展的先发优势，在世界范围内寻找廉价的原材料进口国和广阔的消费市场，一直主导着当今世界的经济全球化进程，长期以来都是经济全球化的主要受益者。资本主义与社会主义的力量对比的深刻变化，对意识形态工作提出了新挑战。尤其是中国自2001 年加入 WTO 以来，市场化、全球化、信息化的影响更加深刻，中国的传统型经济发展道路受到强烈冲击。

经济全球化和社会主义市场经济的深入发展，不仅从根本上促进了我国经济社会的快速转型，也对社会生产、消费方式、价值观念领域产生了巨大影响。这突出地表现在意识形态与个人价值观念之间的激烈冲突，这种冲突主要体现在人的现代化转型给意识形态思想宣传的计划体制提出了种种新的要求。社会主义市场经济的深入发展，人的现代化转型越来越强调追求个人利益的获得与实现，而党的意识形态的内容把人民群众的根本利益置于突出位置，并在思想宣传上强调集体主义与整体利益，必要时要求放弃个人利益服从国家和集体利益。这种话语表达方式与市场化体制下倡导的个人利益在形式上不相适应，尤其是受到西方个人主义等价值观的侵蚀,最终影响到党的意识形态工作的效度。问题的关键在于化解个人主义、享乐主义等资本主义价值观对社会主义意识形态的冲击，就要增强社会主义意识形态对社会主义市场经济中出现的新现象、新问题、新矛盾的解释力，在揭示资本主义意识形态虚伪性、功利性的同时，坚决捍卫社会主义意识形态的基本价值理念。

另一方面，主流意识形态传播机构存在问题。在科教兴国战略和人才强国战略中，高校成为国家培养高层次人才的主体机构，高校意识形态建设关乎国

家的发展方向，是主流意识形态传播的主要阵地，直接影响着意识形态工作的向度。但是，目前高校意识形态建设存在一些突出问题，在一个时期内出现了一种盲目崇拜西方学者的风潮，如在高校课堂上以西方理论为金科玉律，套用西方理论阐释和分析中国问题。更有甚者，不顾中国的具体国情，完全照搬西方理论或西方既有的解决方案提出关于解决中国问题的方法，造成了思想文化领域一定程度的混乱，并产生传递性的恶性循环。尤其值得注意的是，一些国外学者故意割裂意识形态和学术话语权之间的关系，制造马克思主义本身的矛盾、马克思和恩格斯思想之间的矛盾等论点，企图架空马克思主义的话语权。在经济全球化时代，马克思主义的话语权被架空的危害显而易见，其中最深刻的根源就是未能有效实现马克思主义学术性与思想性、科学性与信仰性的有机融合。学校教育是实现政治社会化的重要环节，不仅衔接着家庭教育和社会教育，还直接影响着绝大部分青年学生的世界观、人生观、价值观的树立和重塑。因而，全国各类学校加强和巩固自己的学术阵地，担当好主流意识形态传播媒介的角色迫在眉睫。

四、主流意识形态建设的主体问题

建构主体是主流意识形态创新工作的生力军，而理论建构主体的文化自觉和理论自信的状态，直接影响着主流意识形态创新的成效。作为加强意识形态工作"关键少数"的领导干部发挥着关键性作用。主流意识形态建设更加依赖于建构主体的身体力行和榜样示范，正如邓小平曾经指出的，"凡是需要动员群众做的，每个党员，特别是担负领导职务的党员，必须首先从自己做起"①，这是党的思想自觉和行动自觉的集中体现。

信仰和信念的力量毋庸置疑，坚定这种信仰和信念的核心就在于认同，认同的基础是理论的合理性。习近平总书记指出："对马克思主义的信仰，对社会主义和共产主义的信念，是共产党人的政治灵魂，是共产党人经受住任何考

---

① 邓小平. 邓小平文选：第 2 卷 [M]. 北京：人民出版社，1994：342.

验的精神支柱。"①尽管目前已经有一些领导干部也研读了一些马克思主义经典著作，但是在头脑中未扎根，未转化为自己的世界观和方法论，在关系到坚持马克思主义的指导地位、坚持社会主义制度、坚持中国特色社会主义道路等重大原则性问题时态度模糊，不能准确运用马克思主义的立场、观点和方法应对意识形态挑战的责难。意识形态工作存在不同的层面，作为社会主义国家，党的意识形态对于国家的意识形态具有直接甚至决定性的作用。因此，作为意识形态建构主体的党员领导干部是增强意识形态建构能力的责任主体和使命主体。

第二节　主流意识形态认同的潜在问题

增强主流意识形态的解释能力和建构能力，直接指向主流意识形态的认同。只有在内化于心的基础上才能更好实现外化于行，只有将主流意识形态的基本价值转化为最广大人民群众的内在观念，才能实现理论对群众的掌握，为进行物质文明建设、精神文明建设以及实现社会变革提供基本条件。

一、要坚决避免马克思主义边缘化的危险

时代的转换要求意识形态工作方式的转变。"为什么在时代的转换、社会的转型关口，马克思主义无疑地面临着被边缘化的危险？究其原因，源自革命和批判年代的马克思主义原先的许多优势，在新的历史条件下却正在成为劣势。"②我国传统意识形态的表达方式主要是革命的语言、说教的语气、单一的模式，这种表达方式在历史上对社会主义意识形态建设曾起着积极的作用，但这种表达方式显然不符合网络时代的意识形态传播的特点。主流意识形态认

①　中共中央党史和文献研究院.十八大以来重要文献选编：上[M].北京：中央文献出版社，2014：80.

②　侯惠勤.马克思的意识形态批判与当代中国[M].北京：中国社会科学出版社，2010：648.

同的过程就是与其他意识形态不断交锋、博弈、整合的过程，而价值观处于意识形态的核心地位，价值认同是意识形态认同最为关键的部分。

中国共产党的意识形态认同的根本任务，就是要实现最广大人民对党所领导开创的道路、确立的制度、形成的理论、发展的文化达成认同。西方敌对势力假借全球化之名，利用网络新媒体输出资产阶级意识形态和价值观念，导致新马克思主义、后马克思主义、伪马克思主义甚至反马克思主义等错误思想传播，在一定时间、特定领域弱化了马克思主义的价值认同，动摇了马克思主义在意识形态领域的领导权和话语权。尤其是在利益多元化的基础上，各种思潮的传播在一定程度上侵蚀马克思主义。

二、"执政党"角色转化需要以价值认同为基础

新中国成立以来，中国共产党作为坚持和发展中国特色社会主义事业的领导核心，在实践上完成了从局部执政到全国执政的转变。由以夺取政权为主要特征的革命性政党，逐步过渡到以建设政权为主要任务的执政党的角色转化，必然要求党的意识形态工作随之发生适应性变化。尤其是中国共产党作为具有革命传统的"使命型"政党，一方面通过历史和人民的选择证明了自身执政地位和领导地位的合法性；另一方面，为了实现社会主义现代化和中华民族伟大复兴的中国梦，必然要求坚持和加强党的领导。而如何实现更有效的领导，就需要不断增强自身理论的彻底性和解释力，实现对最广大人民群众的掌握，唯此才能调动一切积极因素服务于战略目标的达成。将局部执政时期的革命传统更好地融入建设中国特色社会主义的伟大事业中，是当今中国共产党意识形态工作面临的一大挑战。具体地说，中国共产党自成立以来领导中国革命、建设、改革的基本历程表明，必须以坚持意识形态工作的阶级性和党性为根本原则。

在改革开放新时期，尤其是中国特色社会主义进入新时代以来，人们的利益需求更加复杂多样，价值追求更加多元，执政党的意识形态工作必须不断提高开放性、宽容性的原则。当前，将马克思主义、马克思主义中国化的成果，

尤其是将习近平新时代中国特色社会主义思想转化为最广大人民的价值观念，实现价值内化，并积极推动其外化于行动自觉，才能不断增强党的阶级基础和社会基础。而且，执政党的意识形态工作是一项一以贯之的长期工作，这就要求既要坚持革命时期形成的革命传统，又要在社会主义建设和改革时期，灵活地将这一革命传统融入社会主义现代化建设的实践中。执政党角色的转化需要以革命传统为根基，并且以现代化治理手段为依据，才能不断提高党的执政能力和领导水平。

三、社会变迁带来价值认同挑战

我国社会主义市场经济体制的建立、经济全球化和信息化时代的到来，既推动了社会物质层面的深刻变革，又导致了思想文化领域的深度交融和频繁斗争。我国意识形态面临的认同挑战，不仅来自外部思潮的冲击，也来自本土意识形态建设的滞后。目前我国正处于社会转型期，人们的生活方式、行为方式和价值观念发生了深刻变革。在社会主义市场经济条件下，人们的价值观念既包含符合社会主义价值观念的积极因素，也包含逐利、拜金等消极因素，后者冲击了社会主义国家主流意识形态的主体认同感。

改革开放前，工人、农民的地位比较高，改革开放后随着市场经济的繁荣发展，中国出现了许多新的社会阶层，不同阶层的社会地位发生了巨大变化。社会阶层分化产生了多元的阶层意识，当前社会旧有的阶层固化现象与新的多元阶层分化问题交织在一起，进一步加剧了认同危机。不同群体从过去只关注经济利益，逐渐过渡到追求经济利益、政治利益和文化利益的多元化诉求，人们对自身利益的要求反映到价值观领域和意识形态领域。由于社会结构的深刻调整，人民的需要和诉求不断多元化，并更趋个性化。如何进一步将利益诉求的回应和意识形态的建构紧密结合起来，化解不同社会阶层人们之间存在的利益冲突，成为新时期一个艰巨的任务。

第三节　西方文化渗透侵蚀威胁

意识形态是文化发展的灵魂与核心，文化是意识形态建设的重要载体。"由于文化是意识形态发展的前提、基础和结果，所以说，任何社会只要发展文化就可以在总体上和基础上促进意识形态的完善和发展。"[①] 文化发展与意识形态建设存在深刻的价值衔接基础，任何社会的文化发展状况都将直接影响意识形态的建设工作。其中，通过文化领域加紧对意识形态的侵蚀是西方敌对势力普遍采取的方法，因此，加强和巩固意识形态工作，必须首先高度重视文化的发展。

一、西方文化渗透以意识形态斗争为显著标志

苏东剧变之后，作为世界社会主义运动的中坚力量，我国成为西方敌对势力和平演变的重要目标国家。西方国家以贷款、贸易和科技等手段进行欺压，实质是进行资产阶级意识形态思想的渗透，妄图迫使中国在思想领域向西方资本主义国家靠拢，最终实现走向资本主义道路的企图。除了在经济、政治领域推行和平演变战略以外，西方国家也注重通过意识形态渗透达到"不战而屈人之兵"的目的，使得意识形态斗争更加残酷激烈，斗争模式日益向多样化、深层次转化。他们通过各种非政府组织和基金会等方式，向中国企业界精英人士、知识分子和青年学生提供经济、教育和文化等领域的交流机会，借机在这些群体中进行资产阶级的意识形态渗透。

二、对我国的文化渗透以西方发达国家为主

当今世界，发达国家和发展中国家在经济全球化进程中所处的地位是不平等的，资本主义是经济全球化的主导力量，在经济全球化中占了优势。随着经济全球化内部风险的持续释放，西方国家转嫁危机和中国改革开放进入深水区，

---

① 武晟. 意识形态与文化的互动关系探微 [J]. 学术研究，2009（6）.

我国的意识形态安全面临更加严峻的形势。西方发达资本主义国家凭借技术优势，通过各种手段对发展中国家进行文化渗透和侵蚀，尤其借助信息网络等新媒体技术。不论在传统语言文字领域还是新媒体科技领域，有的网络核心技术和重要网络资源掌握在以美国为首的西方发达资本主义国家手中。"目前，互联网上占主导地位的文种是英文，占 80% 以上，中文只占 3.7%。有资料表明，世界上每天传播的国际新闻约 90% 来自西方媒体，其中 80% 来自美联社、路透社、法新社三大通讯社。西方发达国家流向发展中国家的信息量，是发展中国家流向发达国家的 100 倍。"[①]这种资源的不对等性必然加剧文化渗透的力度和强度。资产阶级意识形态也必将借助这种相对优势在较长时间内，对发展中国家的意识形态安全构成严重威胁。还有，西方的一些学者提出了一些消解社会主义意识形态的理论，都在一定程度影响了我国的社会主义意识形态建设。

三、我国文化发展能力仍待进一步提高

目前我国文化软实力建设层面存在一定不足，文化发展能力仍待进一步提高。改革开放四十年的深入发展，我国经济发展已经取得显著成就，一跃成为世界第二大经济体，但是文化产业发展势力稍显薄弱。据国家统计局发布的《世界主要经济体文化产业发展状况及特点》，近年来我国文化产业及相关产业增加值增长迅速，2015 年达到 27235 亿元人民币，2016 年达 39785 亿元人民币，但仅占全国 GDP 总额的 4.14% 左右，而美国在 2013 年文化产业增加值占 GDP 的比重约为 11.3%。衡量文化软实力强弱不仅仅以文化产业数量的多少为指标，更为重要的因素是对外文化交流和传播水平的高低。西方敌对势力为了推行文化霸权主义，向发展中国家输入大量的文化产品和现代化传媒体系，把书籍、广播、电视、网络四位一体形成合力，通过干扰我国文化领域的正常发展，进而垄断国际话语权。因此，"提高国家文化软实力，要努力提高国际话语权。

---

①　卢新德. 文化软实力建设与维护我国意识形态安全 [J]. 山东大学学报（哲学社会科学版），2010（3）.

要加强国际传播能力建设，精心构建对外话语体系，发挥好新兴媒体作用，增强对外话语的创造力、感召力、公信力，讲好中国故事，传播好中国声音，阐释好中国特色"①。

第四节　要加强网络时代话语领导权

主流意识形态的安全危机不仅来自主体和外部环境因素，还包括意识形态传播媒介变迁的因素。与传统的文化传播方式不同，网络传播具有自由性、快捷性、交互性、开放性、海量性等特点。借助互联网这一新技术平台，我国文化获得了新的技术载体、新的传播渠道以及新的言论空间，有助于增进价值认同。但同时，网络化、信息化也严峻考验着我国意识形态的控制力和领导力。当前，网络意识形态已经成为意识形态的重要组成部分，其具有非对称性和强大的渗透性，尤其是对于广大青年具有一定的诱导性。西方发达的网络技术手段和强势的文化输出，对我国意识形态的传播和防御能力形成一定挑战。

一、网络话语权遇到的挑战

近年来，随着互联网在世界的迅速发展，我国的网络话语权遇到严峻挑战。改革开放以来尤其是新世纪以来，互联网技术在中国迅速发展起来，我国已经成为世界范围内网民数量最多的国家。不可否认的是，互联网技术在推动建设中国特色社会主义事业过程中发挥着举足轻重的作用。但仍然不能忽视西方敌对势力借助互联网技术向世界各国进行意识形态渗透的各种隐蔽方式，以及各国之间尤其是中国和美国之间的网络意识形态较量呈现出多样化、隐蔽性和复杂化的特点。当前，网络空间已经成为不同意识形态较量的一个重要阵地，社会主义国家和资本主义国家意识形态的斗争逐渐转移到网络空间。掌握网络话语权成为不同意识形态力量进行角逐的主要目标。经过改革开放四十年的迅速

---

① 习近平. 习近平谈治国理政 [M]. 北京：外文出版社，2014：162.

发展，我国的综合国力尤其是科技实力得到了显著增强，然而如何将马克思主义中国化的最新成果，通过现代科技加以转化仍然是一个艰巨的任务。

二、舆论引导力遇到的挑战

当今中国还在一定范围和程度上面临着网络舆论引导力的挑战。现实生活中发生的突发性公共事件，经常通过论坛、贴吧、微博等网络舆论场，经过网民的传播和评论后，网络空间中各种不同观点甚嚣尘上，导致事件的恶劣影响升级，最终引发舆论风暴。更为严重的是可能引发意识形态方面的斗争，并且容易被敌对势力所利用，造成刻意引导下的舆论事件。与此同时，"当下网络监督还不规范，受到非制度化、情绪化、娱乐化、自由化等困扰"①，主要表现在部分网民自身素质不高，政治立场不坚定，大多数情况下带有浓厚的泄愤情绪。个别网民凭借网络风暴的势头，关注点不再限于解决实际问题，在网络空间到处发泄个人不满情绪。这种突发性公共事件发端于现实生活事件，随之不断发酵升级，通过占据舆论方向某时段内的优先权，就有可能变成网络舆论事件，若此时敌对势力乘机渗入，就可能引发群众性政治事件。

三、文化领导权遇到的挑战

随着当今世界经济全球化与政治格局多极化进程加深，各种不同的思想文化在世界舞台上交流、交融、交锋趋势加深。"文化成了一种舞台，上面有各种各样的政治和意识形态势力彼此交锋，文化决非什么心平气和、彬彬有礼、息事宁人的所在；毋宁把文化看作战场，里面有各种力量崭露头角，针锋相对。"②文化领域已经成为意识形态斗争的重要场所，只有牢牢抓住文化领导权，坚持我国社会主义先进文化建设方向不动摇，增强我国文化立场的表达力和阐释力，提升我国文化产业的创造力和竞争力，才能抵制住文化领域中强势文化的攻击，增强我国文化发展活力，维护国家文化发展安全，

---

① 陶鹏.网络监督面临的实践困境与化解路径 [J].庆理工大学学报（社会科学版），2014（4）.
② 萨伊德.文化与帝国主义 [J].谢少波，译.马克思主义与现实，1999（4）.

进而推动我国文化事业的健康有序发展。增强文化领导权不仅表现在国内层面，也表现在国际层面。中国特色社会主义取得的巨大成就，使得科学社会主义在 21 世纪焕发出强大生机力量，全球问题、人类困境、世界难题的解决更加需要中国智慧和中国方案，从这个层面来讲，增强文化领导权不仅具有中国价值还具有世界意义。

第五章　新媒体条件下的意识形态
安全建设

　　信息时代发展迅速的网络传媒占据人们生活的方方面面，从日常生活到意识层面的思想动态无一不在接受这--"新鲜血液"的冲击和改造。新媒体条件下带来的种种衍生物对我国的意识形态安全建设带来的影响不可忽视。深入系统地分析新媒体条件下意识形态建设的特点，以及由此给我国带来的意识形态安全面临的机遇和挑战，并进一步从政府、社会、个人三个层面探索意识形态建设的路径、对策，对我国的社会稳定、经济发展和文化繁荣意义重大。

第一节　新媒体条件下意识形态建设的新特点

　　信息时代，一个国家要取得意识形态建设的良好效果，在国内增强广大民众对于意识形态的信心，在国际上扩大自己"话语权"，就必须首先了解新形势下意识形态建设的新特点。随着信息网络横向、纵向的深入发展，新媒体条件下的意识形态建设相对于传统的意识形态建设又呈现出一些新特点，进而提出了新要求。

一、新媒体条件下意识形态建设的时代性特点

　　新媒体条件下意识形态传播范围、速度等新特点，要求当代意识形态建设

方式上的与时俱进。新媒体既可宽泛地界定为利用数字技术、网络技术和移动通信技术等渠道的所有新的传播手段或传播形式的总称，也可专指新兴媒体。^①在这个网络时代，互联网的信息传输几乎综合了现有媒体的全部优点，使信息内容的传播从平面走向立体，从静态走向动态。

新媒体条件下的信息传播在范围上具有全球性特征。意识形态的内容通过互联网实现了全球范围的传播与接收，打破了信息交流的空间限制，极大地改变了社会信息传播的传统方式。在国内，不仅表现为政府通过互联网扩大与普通民众的交流与沟通，激发公众的参政热情，增强政治传播的影响力和渗透力；还表现为国家的政策能够通过互联网在全国范围内进行意识形态内容的宣讲与传播，让人民群众认识、理解党的政策、方针，从而增强公众对我国社会主义意识形态的自信心。同时，我们注意到人们也通过新媒体自由地接收大量来自国外的信息，这一新的传播方式极大地扩大着信息传播的范围，带有全球性特征。

新媒体条件下信息传播速度具有时效性特征。新媒体对于某种事件新闻或者思想精神的实时传播相较于传统媒介来说实现了质的飞跃，这对意识形态建设的内容的科学性和实践性提出了新的要求。就国内而言，具有意识形态性质的关于政治、经济、文化、社会的思想成果作为一种观念上层建筑，能够切合实际地对当代政治、经济、文化、社会等的现实状况做出符合马克思历史唯物主义的指导，这就要求这些思想信息必须具有其自身的科学性。从信息传播角度则表现为应对信息传播的飞快速度与多样内容提出的新要求。思想、政策一经做出，必然以极快的速度传播到国内各个角落，产生"水波效应"。这就要求思想信息内容必须具有科学性与可实践性，从而减少国内人民群众对社会主义意识形态的误解，进而实现意识形态建设的与时俱进。相对于国外来讲，针对新媒体条件下信息传播速度的提升，各种具有意识形态的思想、文化以直接内容或物质载体的形式渗透着公众的生活。新媒体已成为一个国家的软力量。经济落后会被动挨打，中国著名国情研究专家胡鞍钢指出：媒体落后同样也会

---

① 宫承波. 新媒体概论 [M]. 北京：中国广播电视出版社，2009：4.

被动挨打。[①]在此，快速反应与应急措施就显得尤为重要。

二、新媒体条件下意识形态建设的复杂性与多样性特点

新媒体条件下，传播内容的丰富性同样相较于传统媒介的传播有了很大的改变。相较于传统的广播、电视、电台、报纸的信息传播方式，内容已经从原来政府选定宣传内容对人民大众进行意识形态性质的传播方式，发展到各种多样性信息的爆炸式显现，人们自己选择信息接收的自主权悄然产生。信息传播内容的日益多样，信息传播手段的大幅度提高都对我国的意识形态建设带来极大的影响。

就国内而言，商品经济带来的各种冲击社会主义意识形态的思想内容在互联网这个自由的平台得到其最大的舆论造势，以各种实体或者非实体的方式在互联网或现实生活中对人们的思想和生活产生影响。人们的日常生活已经不单单是注重物质，而更多地注重精神生活。面对互联网条件下各种信息的泛滥，人们每天接收着来自全国各地的信息，这些好的或者坏的信息严重影响着人们的精神世界。

就国外来说，在互联网时代，我国的主流意识形态不断地受西方资本主义意识形态的影响与挑战：从普通的电视、电影、音乐等，发展到经济、文化、科技、教育等多方面呈现出内容的复杂性和方式的多样性。除此之外还表现在传播手段的发展所带来的意识形态建设方面的挑战，即通过信息技术进行有关意识形态内容的宣传或者攻击的网络技术增加了意识形态建设的复杂性和多样性。这些信息采取计算机病毒的形式或者经网络黑客的技术手段进行传播，从而对其他国家的网络环境施加影响。

三、新媒体条件下意识形态建设的技术性特点

新媒体条件下，互联网已经成为世界主流传播媒介平台。而"网络媒介

---

① 李宏，李民.传媒政治[M].北京：中国传媒大学出版社，2006：81.

的主要技术思想是把分散在不同地理空间的计算机组织成'一张超级虚拟网络',其中每一台参与的计算机都是一个'节点',所有节点之间可以进行随时的互联互通,这种技术被称为对等网络技术,即 P2P 技术。"①P2P 技术的应用与发展,现在已经经过了四个阶段,其核心思想助推了 Web1.0 到 Web2.0 以及未来 Web3.0 的华丽转变,信息技术正在向着更加智能化、信息化、高科技化发展。新媒体条件下,互联网作为公众传播信息的主要平台之一,无疑对我国意识形态的建设产生一定的影响。

新媒体条件下意识形态建设的技术性首先表现为意识形态作用方式的高科技性。新媒体条件下信息传播方式由过去传统的依靠政府组织宣传意识形态的方式,变为政府及相关部门能够掌握现代最新的信息技术,利用新媒体的网络媒介,创建更多的主流意识传播平台,形成多层次的对外网络传播格局,组建多梯度的国内网络主流新闻网站等众多新型传播方式。尤其是政府利用运用新媒体开通各级政府网站,对于微博、博客的开发、运营等对我国的意识形态建设产生了很大的影响,有利于拉近政府与人民群众的距离,宣传我国意识形态的重要性与必要性,从而扩大社会主义国家意识形态在国际上的话语权,增强我国人民群众对社会主义意识形态的自信心。

新媒体条件下意识形态建设的技术性还表现为不同国家信息技术水平的差异对意识形态建设的影响。"文化霸权是指以美国为首的西方发达国家利用强大的文化产业,通过出口文化技术以及西方国家的新闻、电影、电视娱乐等形式,在大众文化层次上对其他国家特别是第三世界国家进行意识形态渗透和文化控制的现象。"② 而现在网络技术的发展,新媒体的产生,却没有打破旧有的国际信息秩序。西方发达国家控制着 90% 的网络,而美国则拥有世界上最大的媒体霸权,他们通过输出其具有意识形态的信息内容,意图实现文化上的帝国主义。例如,全球的网络运营商、网络信息提供商都大多由

① 王爱萍.中国网络媒介的主流意识形态建设研究 [M].北京:人民出版社,2014:51.
② 郭明飞.网络发展与我国意识形态安全 [M].北京:中国社会科学出版社,2009:107.

西方国家控制，而网络上被频繁访问的网站也主要是美国等发达国家的站点，发展中国家则大多处于接受的地位；网络及其相关产品的生产主要集中在美国，英特尔公司主宰着全球芯片的生产，占有巨大的销售市场；"目前西方四大主流通讯社美联社、合众联社、路透社、法新社每天发出的新闻量占据了整个世界新闻量的五分之四。"① 因此，这就要求我国意识形态的建设必须体现技术性，即通过我国信息技术的创新性发展，来推动社会主义意识形态的影响力和竞争力。

第二节　新媒体条件下意识形态安全面临的机遇和挑战

信息技术与媒体技术的结合将我们引入一个互动的世界，同时这种新媒体条件下传播方式的变化正改变着人们的生活方式、工作方式和思想方式，也深刻影响着一个国家的经济、政治、文化、社会等发展趋势。对此，我国在互联网与意识形态安全的关系上提出了"坚持积极利用、科学发展、依法管理、确保安全"② 的方针，这是新时期党和国家意识到新媒体条件下意识形态安全建设的重要性的体现。而信息时代网络技术的蓬勃发展，尤其是在此基础上繁荣起来的网络传媒作为一把"双刃剑"在新的历史阶段对我国意识形态安全带来了许多新的机遇和挑战。

一、新媒体条件下我国意识形态安全面临的机遇

21 世纪，信息技术对人们生活的影响无孔不入，而新媒体条件下我国信息传播技术的飞速发展，也给我国的意识形态建设带来许多新的机遇，这就要求我们不仅要认识到机遇的重要性，同时要用实际行动抓住机遇。

---

① 李宏，李民 . 传媒政治 [M]. 北京：中国传媒大学出版社，2006：82.
② 中共中央关于全面深化改革若干重大问题的决定 [M]. 北京：人民出版社，2013.

（一）新媒体的发展开辟了意识形态工作的新领域

网络作为一个虚拟的世界集中了现代信息技术的各种优势，在思想文化领域是一个新领域。传统的意识形态工作主要是通过报纸、电视、电台等传统宣传平台，互动性不强。互联网条件下，每一个终端都既是采集、传播、发布信息的主体，又是整个网络世界的一个细胞，是信息的接受者，人们能够通过网络进行超越空间、超越时间的信息交流，这种方式为公众进行思想交流、情感表达、信息传播提供了新的平台。随着我国网民人数的逐年增加，信息受众群体的年龄、区域、知识水平等界限被打破。据中国互联网络信息中心（CNNIC）统计，截至 2017 年 12 月，我国网民规模达 7.72 亿人，普及率达到 55.8%，超过全球平均水平（51.7%）4.1 个百分点，超过亚洲平均水平（46.7%）9.1 个百分点。全年共计新增网民 4074 万人，增长率为 5.6%，我国网民规模继续保持平稳增长。我国手机网民规模达 7.53 亿人，网民中使用手机上网人群的占比由 2016 年的 95.1% 提升至 97.5%；与此同时，使用电视上网的网民比例也提高 3.2 个百分点，达 28.2%；台式电脑、笔记本电脑、平板电脑的使用率均出现下降，手机不断挤占其他个人上网设备的使用。① 这就使互联网成为他们的第一信息来源。对此，政府亟须学会利用这一新的传播媒介，主动占领这个意识形态工作的新阵地，从而增强我国意识形态的影响力和竞争力，掌握意识形态工作的主动权。

（二）新媒体的发展增强了社会主义意识形态的影响力和辐射力

新媒体技术的应用使信息的传播范围和时间得到极大改进的同时，也使意识形态工作处于更加开放的环境中，思想政治工作者和工作对象可以突破传统的时空限制来进行具体的思想政治工作，这有助于形成全社会、开放式的教育空间，从而增强我国意识形态的影响力。新媒体条件下，我国信息传播具有多样性、低门槛性，传播主体具有多元性等特点，这极大地扩展了公共信息的传

---

① 中国互联网络发展中心 . 中国互联网络发展状况统计报告 [EB/OL].（2016-01-22）[2018-05-14].http://www.cnnic.net.cn/hlwfzyj/hlwxzbg/201601/P020160122469130059846.pdf.

播渠道，从而使公众能够最大范围地接收到最新的思想政策方针，增强对于我国社会主义意识形态的认同感。另外，互联网传播具有的双向互动性特点，对于增强我国意识形态的影响力作用巨大。它既有利于社会公众通过互联网的舆论表达途径，对社会公共事务、国家政策以及社会各种社会现象发表自己的意见、看法和观点，提高公众参与民主政治的兴趣，也有利于社会公众对现实社会的发展起到一定的监督和反馈功能。而"把传媒事业的人民性定义为人民意愿对监管媒体的各级组织的有效影响，也不是无关紧要的。"[①] 同时这一新的传播媒介也有利于思想政治工作者通过互联网平台向工作对象宣传、讲解、传播具有意识形态性质的思想文化内容，从而扩大我国意识形态的影响力和辐射力。

（三）新媒体的发展为社会主义意识形态的创新创造了有利条件

互联网通过其超大的信息容量和广泛关注的社会参与度搭建了社会主义意识形态的理论与实践平台，为社会思潮的整合和马克思主义思想的创新发展提供新的方式和内容。一方面，新媒体条件下，我国的社会主义意识形态建设内容要跟着实践的发展而不断适应新情况，解决新问题，这首先表现在对于意识形态主体的自主性的提升。广大网民作为社会实践的主体能够根据最新的社会发展情况，提出具有建设性的意见和建议，从而为我国的意识形态工作者的工作带来新气象，取得新成果。其次表现在对于社会主义意识形态理论创新的不断促进。我国社会主义意识形态的建设内容，既要吸收人类文明有益成果，同时也要积极地宣传我国社会主义意识形态的优越性,强化社会主义意识的认同，增强社会主义意识形态的吸引力。另一方面，创新方式方法，提高教育的实效性，为我国意识形态工作做出新助力是我们不懈的追求。新媒体的发展提高了社会主义意识形态的教育深度。新闻热点、视频直播等方式对网民日常生活方式的文化渗透和思想层次的猛烈冲击都彰显着互联网的强大功能。

---

① 梁庆婷. 大众传媒的思想政治教育功能研究 [M]. 成都：电子科技大学出版社，2012：222.

二、新媒体条件下我国意识形态安全面临的挑战

当然，新媒体的发展在为我国意识形态建设带来机遇的同时，也带来诸多新的挑战，给我国公众的生活带来不可忽视的影响。

（一）西方话语霸权对意识形态领导权的挑战

新媒体条件下，我国意识形态更加频繁地与世界各国不同的意识形态相互接触、碰撞与融合，不同的价值观念、道德规范、生活方式等呈现在人们面前，影响着人们的思想和行为。具体表现为网络交往的全球化、多样化和自由化，进而造成不同国家、不同思想的网络人之间的价值观念冲突不断。例如西方的经济价值观、道德价值观等进入我国公众的视野，对我国传统道德造成一定的冲击，其随之而来的带有资本主义意识形态的内容也在大范围地影响着我国意识形态安全的建设，对此我们必须加以高度重视和坚决抵制。另一方面，西方一些国家利用互联网的发展对我国网民进行大规模的意识形态渗透，掌握着一定的互联网话语霸权。尤其以美国为首的西方发达国家拥有在网络技术与管理上的一定优势，在全球信息系统中也占有一定的控制权，因此对互联网网络信息的垄断性呈现出逐渐增强的趋势，他们否认其他国家意识形态话语的正当性，并在我国外交上无理地指责我国的互联网政策，干涉我国内政。同时，强大的西方媒体可以凭借其信息技术水平进入其他国家的互联网系统，从而影响、干扰，甚至破坏有关国家的主权完整和社会稳定。

（二）主流意识形态的合法性与有效性受到干扰

自由主义、拜金主义、实用主义、极端个人主义等错误的社会思潮在网络上出现，造成一小撮人出现一定的信仰危机，这不仅影响社会稳定，而且对我国网民的马克思主义信仰、对共产主义理想的追求等具有社会主义意识形态性质的思想和行为方式产生一定的影响。具体说来，"网络的出现解放了人性隐秘的一面，人们在网上扮演着'可能的自我'。而在网络社会管理缺失、法律

措施滞后等现状下，由人们网络行为而引发的社会风险便会不断显现"。^①一方面，新媒体条件下，网络推手、网络大 V、网红具有一定的网络信息的影响力。个别媒体为求经济利益的实现，为求吸引公众的眼球而通过制造偏离社会主义核心价值观的标题、图片等相关内容进行传播。其中负面因素影响着我国社会主义和谐社会的建设，在一定程度上削弱公众对社会主义意识形态的认同感。同时我们注意到，在"信息自由"的口号下，错误信息、污秽信息、冗余信息、虚假信息等都可以借助网络进行传播。另一方面，对青少年思想道德产生的负面影响更大。网络是青少年人际互动的新空间，在互动过程中会逐渐形成网络道德规范，而新媒体条件下的网络信息良莠不齐，对缺乏判断力的青少年来说影响更为巨大。以上种种不利于社会秩序的稳定，不利于我国经济社会的和谐发展，同时一定程度上削弱了我国主流意识形态建设的有效性。

（三）政府对意识形态的控制力受到一定程度的挑战

信息化时代，意识形态在整合社会资源、统率社会思想、实现社会控制、维护社会稳定的作用方式上发生了改变，主要表现为政府对意识形态控制的弱减。在大众传播时代，传统媒体的一个重要角色就是充当信息"把关人"，而政府则是实际的把关人，控制着社会上 80% 的有用信息。^②而在信息时代，网络这种多向交流的互动方式，增加了信息的流动渠道。网络开放性和离散型的特点决定了其信息的传递与交流在一定程度上是自由的。

第三节 新媒体条件下意识形态建设的现实路径

新媒体的发展给我国的意识形态建设带来诸多机遇的同时，也带来不可忽视的挑战。那么如何趋利避害，更好地利用新媒体条件下带来的积极方面，减少消极影响，这就对社会、政府和个人三个层面提出了新的要求。

---

① 张春华.网络舆情社会学的阐释 [M].北京：社会科学文献出版社，2012：161.

② 郭明飞.网络发展与我国意识形态安全 [M].北京：中国社会科学出版社，2009：113.

一、政府层面：加强网络舆论引导，增强网络建设力度

政府作为意识形态建设的主要承担者对网络环境的影响尤为巨大，新时期、新背景下，政府如何适应新情况做出自身的调整成为我们需要认真研究的历史课题。

（一）加强新媒体条件下马克思主义理论阵地建设

首先，建设具有马克思主义理论基础的宣传网站，进行具体内容的通俗解释，联系现实生活实际进行理论宣传形式的创新，充分利用新媒体的种种优点进行马克思主义的世界观、方法论、价值观的宣传和解读，让网民真真切切的认识、理解马克思主义的科学性、实践性、真理性，从而树立马克思主义的信仰，不受其他带有意识欺骗性的思想观念的影响。其次，培养一批坚定的马克思主义者。深入系统地研究马克思主义，找出其具有现实意义的方法论指导我们的实践是对马克思主义学者的根本要求。当然，这也包括那些思想政治工作人员，加强和改进思想政治工作者通过新媒体进行宣传教育的能力，对于马克思主义理论的阵地建设影响深远。正如毛泽东所说，对思想政治教育的对象要"进行广大的教育工作、说服工作、团结工作，使他们在人民中间更好地起核心的作用"[1]。最后，要重视对互联网及其传播特点的研究。总结互联网传播特点运用于马克思主义的宣传发展，运用于国际视野上意识形态的建设是一个非常重要的方面。

（二）大力发展健康、先进的网络文化

政府支持健康的、有利于推动社会发展的文化产业对网络的推动作用成效明显。这些先进的文化产业在创造经济效益的同时能够引导一种健康向上的网络文化发展方向，有利于市场经济条件下优秀文化的传承和创新。文化作为人类文明成果对人的影响潜移默化、深远持久，如何使我国优秀的民族文化在新媒体条件下对我国的意识形态建设产生积极的作用是一个亟待解决的问题。这

---

[1] 毛泽东. 毛泽东文集：第 7 卷 [M]. 中共中央文献研究室，编. 北京：人民出版社，1999：157.

就要求政府不断完善和加强信息基础设施建设，弘扬民族文化，发展自己的信息产业，尤其是数据库产业，除了提高我国网络文化的汉化程度以外，还要建设好具有中国特色的信息服务器和数字图书馆，丰富代表我国意识形态的文化产品，从而形成丰富多彩的网络精神家园。

（三）加强网络言论监管，健全相关法律法规

网络自由亦是有限度的，这点必须加以强调，在道德规范的作用下，同时也要求我们看到网络言论监管的重要性，即法律制度的重要性。因为"网络所张扬的欲望叙事在失去自律又无从他律后，其功能取向的可能性就这样被悬置在身体策略与生命自恋的狂欢话语中。"[①] 对此要坚决警惕西方的"网络言论自由"论，这种论点一方面对不利于自身发展的互联网言论活动进行限制，画出法律和道德红线；另一方面又在互联网上自由发表自己对于别的国家的言论，其实是矛盾的，具有其自身的虚伪性和欺骗性。这就要求政府加强对网络言论的监管，建立健全相应的法律法规，努力建立信息网络治理的长效综合机制，规范网络传播秩序。同时坚持日常管理与应急管理的结合，依法管理与技术防范的结合，行政监督与行业自律的结合，综合运用行政手段、经济手段、道德制裁手段对网络不良言论进行管制。

（四）大力发展网络信息技术，建立信息防火墙

新媒体的发展对科学技术的与时俱进提出了新的要求，通过运用技术手段进行信息过滤，是现在互联网发达国家使用的一个普遍做法。我国目前正在使用对非法信息进行过滤的技术手段，但是由于技术和法律等方面的原因，特别是在信息过滤的内容和度上不好把握，需要不断进行经验的借鉴和总结；需要大力发展信息网络技术，进行技术创新，建立信息防火墙；需要借助技术手段提高运用新媒体优势的能力，从而加强我国政府对于国内思想的了解和正确引导，同时扩大我国意识形态的国际影响力。

---

① 欧阳友权.网络文化的意识形态批判[J].中国图书评论，2007（6）：72.

二、社会层面：提升网络道德，净化社会环境

形成和谐向上的意识形态建设氛围，对加强我国意识形态建设意义重大。从社会层面加强我国意识形态建设，必须重点放在提升网络道德、净化社会环境上。

（一）加大力度建设规范有序的网络道德

虽然公众在网络空间里具有言论上的自由，但是也要受到社会的制约。正如哈贝马斯所说："技术进步的方向在很大程度上，依然是那些从社会生活的制约性的再生产中自发生产出来的社会利益所决定的。"① 而网络自由依然要依靠社会的规范来制约。网络道德教育是一种行之有效的方式，生活于现实各种社会关系中的有道德知识和道德经验的组织和个人依据一定的道德准则和要求对其他公众进行有组织、有计划的施加影响，努力形成良好的网上伦理道德舆论氛围，通过开设网上谈心室，网上心理诊疗室等具有现实意义的活动，真正在服务人民大众的同时，利用新媒体来为社会和谐做贡献，从而进一步维护我国社会主义意识形态的安全。

（二）建设舆论宣传重点网站

媒体网站作为传播思想、文化的重要阵地，对于新媒体条件下的网络环境作用巨大，像类似腾讯、搜狐、百度等大众媒体网站，其每天推送的网络新闻数量大而连续，时效性强，内容种类繁多，其主导的文化思想通过手机和电脑终端自动弹出以供公众阅读和发表个人言论，对整个互联网条件下思想文化的形成具有舆论导向作用。所以建设健康、文明、有效的舆论宣传重点网站，进行符合社会主义核心价值体系的信息传播，正确解读党的最新精神、政策，创新枯燥内容的具体宣传形式，对整个网络社会的发展意义重大，这些具体措施同样有利于社会的稳定和发展，从而有利于维护我国的意识形态安全。

---

① 哈贝马斯.作为"意识形态"的技术与科学 [M].上海：学林出版社，1999：108.

（三）结合传统媒体，扩大合力效应

传统媒体与新媒体的有机结合能够在最大限度上对公众产生影响。传统媒体作为历史发展的产物，具有不可替代的优势，而新媒体作为一种新的力量在信息时代异军突起，两者结合产生的合力不容小觑。许多引起社会关注和政府重视的事件大多是传统媒体和新媒体合作的产物。传统媒体的专业素质和业务能力要通过网络媒介实现更大的价值，使整个社会的信息资源进行调整和重组，从而达到最大效用，当然我们这里强调的是大力建设那些有利于社会和谐的正规媒体的运营，尤其是有社会公德和社会责任感的。

三、个人层面：提升自身素养，健康参与网络生活

随着我国网民数量的急剧增加，如何从个人层面削弱网络信息的消极影响，进而营造健康、绿色的网络环境，对社会和谐稳定、人的全面发展意义重大。

（一）提高个人知识水平，自觉提升个人素养

互联网条件下各种信息的泛滥对个人的影响最为明显，表现为在给人们带来广泛的信息的同时，也不可避免地带来众多不良影响。自觉提升个人素养尤为重要，因为"社会成员的个体素养是社会成员自觉投身于社会主义意识形态主导性建设的关键，对社会主义意识形态能否在最为广泛的意义上获得群众认同起到决定性作用"[1]。这就要求个人在日常生活中既要努力学习科学文化知识，提升个人的知识水平，能够对网络上纷繁复杂的信息有选择的吸收；还要在实际生活中积极践行符合社会主义核心价值观的行为，并将实际行为贯彻落实到网络生活中，与破坏网络环境的行为作斗争，进而推动网络社会的健康发展。

（二）广泛参与网络言论，增加网络言论正能量

作为社会个人，尤其是作为一名合格的公民，有义务传播社会正能量，维

---

[1]　任志锋. 当代中国社会主义意识形态主导性研究 [M]. 北京：中国书籍出版社，2015（217）.

护社会的安全和稳定。互联网以其多向互动性的特点，给予信息时代下的网络言论以最为开放，同时也最为难以掌控的表现形式，这就要求作为理性的社会公民要进行正能量信息的表达与传播，坚决反对那些无中生有、意图破坏社会秩序的言论。同时，个人应该警惕、远离盲目的网络崇拜，抵制各种不良网络诱惑。对于现代信息网络中的跟风现象，应明确认识到其盲目性和片面性，努力提高个体的独立认知水平，从而做出自己正确的价值判断和价值选择。

（三）自觉抵制错误信息，提高辨别信息的能力

对于新媒体条件下各种错误信息、虚假信息的冲击，提高自己辨别信息的能力就显得尤为重要，这就要求个人在日常生活中努力做到积极向社会中、网络上真善美的信息靠拢，拒绝网络上那些为吸引人的眼球而故意传播的假恶丑的信息。网络暴力是一种比较有代表性的在新媒体条件下公众对于虚假信息的盲目言论或者现实行动的描述。正如黑格尔所说："在公共舆论中真理和无穷错误直接混杂在一起。"①公众盲目的偏听、偏信，对事件进行个人性质的评论，大多带有侮辱性的字词，更有甚者对事件主人公进行实质性的攻击，严重影响他人的正常生活，同样不利于社会的稳定和谐。如果这种问题发生在意识形态领域，同样会造成不利影响。因此，对不良信息，拒绝转发，拒绝传播，积极反对，保持理性，要从我做起。

总之，新媒体的发展在给我国的意识形态建设带来机遇的同时，也带来了不可忽视的挑战，努力抓住机遇，积极地应对挑战，应是我们不懈的追求。我们既要进一步提高政府利用网络技术对社会舆论的掌控能力，推动我国的社会主义意识形态安全建设，也要始终坚持马克思主义的指导地位不动摇，采取堵疏结合的方式，努力划清社会主义意识形态同封建主义、资本主义意识形态的

---

① 黑格尔．法哲学原理 [M]．北京：商务印书馆，1979：333.

界限，利用新媒体的创新形式发挥社会主义核心价值对文化的引领作用。更要我们每个人都树立社会主义方向的信心和决心，在日常生活中自觉提高自身素质，增强辨别虚假信息的能力，做一个理性的社会主义建设者，共同为实现中国梦贡献力量。

第六章　新时代首都意识形态安全现状及特点

　　北京是全国政治、文化中心和国际交往中心，历来高度重视意识形态安全工作，特别是党的十八大以来，市委市政府坚决贯彻十八大精神和习近平总书记系列重要讲话精神，以"首都稳、全国稳"的高度政治自觉和责任担当，及时分析研判形势，坚决采取有效措施，积极探索经验规律，不断明确思路、方向，保持了意识形态领域总体平稳向好的态势。

第一节　新时代首都意识形态安全现状

　　意识形态工作关乎党的前途命运、国家长治久安和人心向背，是党和国家的精神支柱和灵魂。党的十八大报告指出，要牢牢掌握意识形态工作领导权和主导权，坚持正确导向，提高引导能力，壮大主流思想舆论。党的十八大以来，北京市高度重视意识形态工作，保持了意识形态领域良好的态势，为首都新时代的发展创造了良好环境。

一、首都网络媒介传播能力稳居全国领先地位，发挥了意识形态领域的辐射效应

　　当前网络已经超过其他传统媒体成为公众信息的主要来源，其社会公信力、社会责任承载力和主流社会对其认可度逐步提高，作为主流社会媒体的倾向日

益凸显。北京市互联网基础资源发展多年居于全国领先地位。据中国互联网络信息中心（CNNIC）统计，截至 2016 年底，北京地区网民规模约 1690 万人，同比增长 2.6%，互联网普及率达到 77.8%，高出全国平均水平 24.6%，普及率排名全国第 1 位。① 北京的互联网普及率达到了北美国家、大部分西欧国家以及日本和韩国等高普及率国家的水平。全国 230 万家网站中，北京拥有 42 万家，占全国近五分之一。北京作为中国"网都"，在意识形态安全方面具有特殊的地位，往往处在中国网络舆情关注的中心位置甚至是舆情发源地。北京出台的各种政策通常都会受到各地、各方面的广泛关注。比如，2015 年北京发布建设行政副中心消息后，北京和外省市许多专家学者和民众纷纷围绕有关问题进行解读、发表意见。北京获得 2022 年冬奥会举办权、筹备纪念抗战胜利 70 周年等重大活动持续受到国内外舆论的关注。2016 年北京积极贯彻中央决策部署，疏解非首都功能、推动京津冀协同发展、推进城市副中心建设等各项战略任务，北京和外省市许多专家学者和民众纷纷围绕有关问题进行解读、发表意见。另外，北京组织学习"习近平总书记视察北京重要讲话两周年"主题宣传活动、精心组织建党 95 周年和纪念红军长征胜利 80 周年等重大活动持续受到国内外舆论的关注。

二、党中央治国理政实践和北京疏解非首都功能等各项举措得到广泛认同，首都意识形态领域总体平稳向好

近几年，北京市深入学习贯彻习近平系列重要讲话精神，紧紧围绕"五位一体"总体布局和"四个全面"战略布局，深入开展党中央治国理政新理念、新思想、新战略重大主题宣传，牢牢把握正确舆论导向，社会主义核心价值观更加深入人心。如 2013 年党的十八届三中全会以来，中央通过全面深化改革的重大部署，明确了改革的方向和重点，确定了完善和发展中国特色社会主义

① 中国互联网络发展中心．中国互联网络发展状况统计报告 [EB/OL]．（2017–01–23）[2018–05–16].http：//www.cnnic.net.cn/hlwfzyj/hlwxzbg/hlwtjbg/201701/P020170123364672657408.pdf.

制度、推进国家治理体系和治理能力现代化的总目标，形成了全党全国共议改革的强大势场，凝聚起理解改革、支持改革、参与改革、推进改革的广泛共识和巨大合力。2014 年十八届四中全会以"法治"为主要议题，这是改革开放30 多年来的第一次。全面深化改革，将法治列入首轮议程，确保各项改革"在法治轨道上推进"。无论是治国、倡廉，还是抗"霾"、建"网"，"法"都是必要的前提和保障。这都得到了全体国人真心点赞。2016 年，首都各界干部群众对全国和北京"两会"的召开予以高度肯定，盛赞"十二五"时期国家和北京发展取得的巨大成就，对"十三五"实现跨越式发展充满信心。习近平总书记在党的新闻舆论工作座谈会上的重要讲话引起广泛共鸣，为新形势下做好党的新闻舆论工作提供了强大思想武器和根本遵循。党的十八届六中全会胜利召开，全市广大党员干部群众掀起学习党的十八届六中全会公报热潮，普遍认为党中央坚定不移推进全面从严治党，坚持思想建党和制度治党紧密结合，赢得了党心民心，为开创党和国家事业新局面提供了重要保证。全市上下认真落实中央精神和市委部署，继续开展"两学一做"学习教育活动；围绕城市副中心建设、2022 年冬奥会筹备工作等重点任务，深入开展主题宣传。各项经济和民生领域新政有力地稳定了社会舆论基本面，提振了社会各界的经济信心。大众对于全面深化改革方向的认同感和走好"中国道路"的信心在稳步提升。首都市民充分肯定全面推动首都功能疏解和人口调控，落实首都城市战略定位的新进展。

2017 年，在以习近平同志为核心的党中央坚强领导下，市委和全市各级党组织深入学习贯彻习近平系列重要讲话精神，进一步增强政治意识、大局意识、核心意识、看齐意识，提高政治站位，牢牢掌握意识形态工作领导权、主动权、话语权，有力维护首都意识形态安全。国家大政方针得到有效传播和高度认同，全市认真落实中央精神和市委部署，对国家和北京经济社会持续稳定健康发展充满信心。社会舆论热点讨论趋于理性平和，政府应对处置更加自信，各级党委关于意识形态工作的举措更加坚定有力，意识形态领域管理更加稳固有序。

三、政府和主流媒体正面宣传引导取得显著成效，正能量引导效果凸显

十八大以来，北京市努力提高做好意识形态工作的能力，认真总结成功经验，充分调动各方力量、运用各种资源，构建大宣传格局，打出"组合拳"，打好"主动仗"。十八大以来，首都理论界围绕培育和践行社会主义核心价值观做出了一系列努力。《中国梦的365个故事》、"北京榜样"等大型主题节目、活动，从基层群众的真实生活中，汲取正能量，发挥了正面宣传、鼓舞人心的作用。2016年，从年初的全国"两会"至年底召开的党的十八届六中全会，首都精心组织了"两会"和中央全会精神分级分层宣讲，广大党员群众的政治意识、大局意识、核心意识和看齐意识进一步增强。北京市精心组织了"党中央治国理政新理念新思想新战略""习近平总书记视察北京'2·26'重要讲话两周年"等重大主题宣传活动，全市上下思想和行动更加自觉与党中央保持高度一致。精心组织了纪念建党95周年、纪念红军长征胜利80周年等重大主题宣传活动，主流价值形成社会共识。大力宣传京津冀协同发展、疏解非首都功能等重大战略，营造了健康向上的舆论氛围。利用报刊、网络等市属理论阵地策划引导文章，或编发网文短评，以坚定的立场、鲜明的态度发出党的声音，壮大了主流舆论。面对社会治理舆情反映的利益摩擦与民意诉求，各级党政机关积极创新治理手段与机制，统筹兼顾，通过线上线下"双管齐下"积极行动，不仅有效地化解了突发舆情引发的社会治理危机，修复了政府公信力，而且针对一些舆情事件中暴露的社会治理隐患，及时自我调整、完善治理体系，标本兼治，赢得了舆论的肯定。

2017年，习近平总书记视察北京重要讲话精神赢得衷心拥护，党心民意空前凝聚；北京两会主流媒体引导得力，全国两会舆情整体平稳；中央领导全面深化改革，北京"一带一路"国际合作高峰论坛、建军90周年朱日和沙场大阅兵、党的十九大召开、厦门金砖国家领导人会议等表现出中国政府奋发有

为，社会各界舆论的共识度有了很大的提高，中国倡议中国方案获得国际舆论积极评价；主流媒体发文纪念邓小平逝世 20 周年、纪念毛主席诞辰活动，积极引导了舆论正确走向，正能量充沛；国产大飞机首飞成功、国产航母下水、《将改革进行到底》热播、电视剧《人民的名义》走红令民族自豪感、自信心空前增强；雄安新区建设、非首都功能疏解、通州副中心建设的推进，赢得社会各界更多的理解和支持。

四、意识形态领域论争趋于理性化，"意见领袖"的不当言行日益被边缘化

十八大以后，习近平总书记重要讲话传递的辩证思维、底线意识、法治思维、创新思维和全局观念，让"找到全社会意愿和要求的最大公约数"深入人心。不走老路邪路，不搞左右纷争，坚持经济建设为中心不动摇，坚持改革开放不动摇，这样的精神被不断重申，带动了以求同存异推动形成社会共识、用核心价值观引领社会思潮的丰富实践，极大挤压了极端思想的空间，清除了噪音杂音的土壤，让社会心态渐趋平和理性。如近年来，首都地区的环境保护、民生关切、灾害处置等社会热点事件往往是民众的热点话题，受到众多网民的关注和跟帖，也成为各种谣言、谰言、话语暴力的高发地。然而，近年来国家有关部门持续稳步地推动社会治理的法治化，培育向上向善的精神文化生活，实施"净网"专项行动，"阳光跟帖"已经成为网络舆论新时尚，得到多数民众的自觉支持和遵循。因此，与之前相比，2016 年广大网民在一些社会热点事件的公共讨论方面表现得更为理性，网络发帖、跟帖和评论更加注重事实、讲究说理，情绪极端化的话语暴力现象大为减少。在全党上下增强"四个意识"、维护党中央权威的背景下，"弘扬主旋律、传播正能量"已经成为多数民众的主动选择，社会主义核心价值观在首都民众舆论中的影响力得到显著加强。

五、意识形态主体责任全面落实落细落小落地，意识形态工作格局不断完善

近几年来，北京各级党委（党组）认真贯彻中央《党委（党组）意识形态工作责任制实施办法》和北京市实施细则，严格落实主体责任，研究部署重大任务，指挥处置重大意识形态问题，健全各项工作机制，加强各类阵地管理，首都意识形态工作格局进一步完善。在各级党委（党组）领导下，各相关部门相关领域加强联动、互相配合，形成了齐抓共管意识形态工作的强大合力。全市依法依规加强意识形态阵地管控，稳妥处置敏感事件，查堵非法出版物和关闭删除网站或链接，遏制有害言论，各类阵地更加平稳有序。如近几年来，诸多西方国家在意识形态领域对我国的围堵遏制事件，都在各级党委政府的引导下掀起多轮群众爱国主义舆论热潮。

第二节　新时代首都意识形态建设实践特点

首都社会主义意识形态建设立足首都首善之区特征，坚持为党和国家服务的原则，按照"党管宣传、党管意识形态"的要求，深入持久地展开各项工作，切实掌握工作的领导权和主动权，多年来，取得了一系列宝贵经验，形成了一系列新特点，彰显了社会主义意识形态的思想魅力和实践价值。

一、发挥学术高地优势，深入开展社会主义意识形态理论工作

北京是全国社会科学研究力量的集中地，拥有大批意识形态领域的专家学者，为深入开展社会主义意识形态理论工作提供了优良的条件。以此为基础，多年来，首都建设了系列研究中心、研究基地，召开高端学术会议、论坛，不断推进社会主义意识形态的理论阐释、理论创新，发挥思想库、智囊团作用，推进社会主义意识形态理论的体系化、大众化，取得了良好的效果。

（一）扎实推进社会主义意识形态理论阐释

社会主义意识形态，是由特定的思想理论、价值观念等组成，对社会主义意识形态进行理论阐释，是首都意识形态建设的首要任务所在。只有做好社会主义意识形态的理论阐释，才能让人民群众理解社会主义，认识科学社会主义的内容，了解社会主义意识形态的真谛，找到社会主义意识形态的价值与意义。

首都坚持发挥学术高地作用，把首都理论界做研究阐释的坚实依靠和主力军，在市委、市政府的指导下，多年来充分发挥高校、社科院、社科联和学术团体的人才优势、资源优势，集中科研力量，研究阐释科学社会主义理论，围绕社会主义意识形态相关主题，在研究领域推出系列有深度有分量的研究成果。十八大以来，习近平总书记提出一系列治国理政的新思想新观点，推动了中国化的马克思主义的发展，形成了马克思主义中国化的最新理论成果。围绕习近平总书记的系列讲话精神，市委、市政府发动首都各界专家学者，学习解读习近平总书记系列重要讲话的时代背景、重大意义、核心思想、精神实质，结合中华民族伟大复兴的目标要求和首都北京的社会主义实践，帮助广大党员干部在工作中更好地学习领会精神，为首都社会主义意识形态工作奠定了坚实的理论基础。北京市委、市政府组织专家学者，梳理马克思主义、中国特色社会主义理论，编著出版了《正道沧桑》《中国梦学习读本》《雷锋精神在当代》《科学发展在北京》等一系列理论通俗读物，总计发行量百万余册，阐释社会主义意识形态理论，彰显理论的魅力和力量。

（二）积极开展社会主义意识形态理论创新

"明者因时而变，知者随事而制。"社会主义意识形态理论不是一成不变的，要符合新的世情、国情发展，不断创新，从而摆脱本本主义、主观主义的束缚，使理论富于创造性。

首都意识形态工作一直把创新社会主义意识形态理论作为一项重要工作来抓。近年来，首都各界依靠知名专家学者，积极开展社会主义意识形态理论创新。一是加大投入，以课题为引导，加强理论研究的吸引力，依靠专家学者的引领作用，广泛吸收各界研究者加入社会主义意识形态理论的研究工作中来，将社会主义意识形态理论创新作为首都哲学社会科学学者们的共同事业，多角度反映人民最关心的切实问题，为党的理论建设提供参考。二是推出理论成果，扩大影响。贯彻首都科研、高校集中的优势，组织首都各界专家学者，推出一系列的重磅理论成果，发表在《人民日报》《光明日报》《经济日报》等重要理论刊物和学术刊物上，发挥首都社会主义意识形态理论工作的影响，在全国范围内树立标杆。三是进一步解放思想。首都意识形态理论创新，还进一步解放思想，自觉转变思想作风，冲破各种落后的条条框框和旧的思想观念的藩篱，避免教条主义错误，立足结合首都实践，特别是社会意识形态特征，把思想认识从那些不合时宜的观念、做法和框框的束缚中解放出来，保持社会主义意识形态的先进性。四是定期召开社会主义意识形态理论研讨会议，坚持巩固壮大主流思想舆论，弘扬主旋律，传播正能量，促进思想交流、交锋和融合，通过客观理性的研讨、辩论，使道理越辩越明，让正确的思想意识得以弘扬，在这一过程中推动创新，为社会主义意识形态理论创新提供交流平台。

（三）稳步推动社会主义意识形态宣传践行

北京市委、市政府通过发挥专家学者宣传主力军的作用，成立市委讲师团，推动社会主义意识形态的宣传，联系专家选择主题，在全社会范围内开展宣讲，组织宣讲活动上万次，实现了"哪里有百姓，哪里就是宣讲舞台""群众什么时候有时间，就什么时候讲"的工作目标，推动社会主义意识形态工作下基层，力求把意识形态工作做实、做细。

要重视发挥专家学者践行主力军的模范带头作用。意识形态最基本的特征之一就是实践性，意识形态建设就是一种实践性很强的活动。思想家们提出一种思想、主张或者构建一种意识形态理论，这本身并不是最终目的。认识事物，最终是为了改造事物；创立理论，最终是要用这种理论做指导去有效地进行实践。北京市委市政府在学术高地在宣传上巨大推动力的基础上，把专家学者作为践行社会主义意识形态的榜样，发挥其影响力，用鲜活的事例，倡导中华民族优秀传统文化、社会主义核心价值观，引导各界群众效仿，自觉实践践行。

二、坚持传播平台建设，把握社会主义意识形态主导权

打造好传播平台，是掌握社会主义意识形态主导权的关键。意识形态工作说到底是人的工作，人们喜闻乐见什么方式，就应该采取什么方式。近年来，北京市委、市政府在社会主义意识形态工作中，坚持团结稳定鼓劲、正面宣传为主，有针对性地与各种错误思潮、错误言论开展意识形态斗争，坚持落实党管媒体原则，做到讲导向不含糊、抓导向不放松，打造了以传统平台为基础，社区平台为辅助，新兴网络媒体平台为阵地的立体传播网络。通过打造"宣讲家"等理论大众化平台，创新理论宣讲方式，拓展群众参与方式，以"百姓宣讲""周末社区大讲堂"等形式，让群众用群众的语言和体会，宣讲党的理论，回答干部群众关系的理论和现实问题。

（一）坚持传统平台的意识形态工作

传统平台主要是指传统纸质媒体（报纸、宣传栏、宣传报等）、广播电视媒体等传播媒介，它具有覆盖范围广、适用性强等突出特点，是我党意识形态工作的优势阵地。多年来，首都社会主义意识形态工作坚持发挥传统平台的作用，在覆盖范围、传播路径、内容建设等方面狠下功夫，取得了显著的效果。

纸质媒体由于其版权界限分明，管理、负责部门明确，加之长期以来形成的一整套行之有效的管理方法，相对来说不易被错误思潮和错误观点利用，是社会主义意识形态的主阵地之一。为了扩大社会主义意识形态宣传在市民中影响覆盖面，北京市理顺都市报管理体制，并通过主流纸媒《北京日报》《北京晨报》等媒体以及《前线》《新视野》等学术刊物共同展开宣传工作，设置专栏，定期推出针对现实问题的理论文章、评论文章，阐明党的态度、立场，将

社会主义意识形态的辐射面最大限度地延伸到全市范围。不仅如此，北京市积极推动主流纸媒创新，积极培育骨干文化企业，成立北京出版集团、发行集团，提升规模、实力拓展业务触角，把纸媒优势延伸到各个领域，实现全市范围内社会主义意识形态的重点宣传。

在广播电视传输路径建设上，除卫星电视外，北京市通过各种途径传播党的声音。在城区，依靠歌华有线的传输网络覆盖，推送新闻等广播电视节目；在偏远山区，建设地面信号传输基站，实现覆盖，确保党的声音可以传播到所有辖区，在满足人民精神文化需要的同时，使通过广播电视展开的意识形态工作在全市范围内传播覆盖无死角。为应对当前网络电视对传统广播电视意识形态工作的干扰，北京市多途径管理广播影视传输，出台网络机顶盒管理意见，防止侵蚀社会主义意识形态的错误思想、错误言论，防止有害于意识形态工作的外来电视节目等通过网络机顶盒等传输路径传播。

在内容建设方面，北京市委市政府充分运用传统平台覆盖性广，连续性强，群众接受度高的特点，围绕重大爱国主义事件，把握时间节点，结合首都工作特点，推出一系列有分量的引导文章、阐释文章，挖掘、拍摄、出版《正道沧桑》等宣传教育片，弘扬正能量，促进纸媒与广播电视在意识形态工作方面的有机统一和相互呼应，引导媒体忠实履行党和人民的喉舌功能，有效地实现了社会主义意识形态工作的大众化。

（二）拓展社区传播平台意识形态工作

社区传播平台主要有以下特点：一是区域性，即社区传播平台的范围不是无差别的，而在一定区域范围内展开，在地理意义上有着一定的界限；二是开放性，即社会成员不受任何条件的限制，随时可以接受意识形态工作影响、参与意识形态工作；三是综合性，也就是说，社区意识形态工作所面对的是社会各个层次的人群需求，因此它具备多样的功能。

近年来，首都意识形态工作十分重视社区传播平台的渗透性影响力，充分调动社区或者社会成员的各种资源，通过有效的管理和实施过程，推动社会主义意识形态工作目标的实现。把大众化、通俗化语言作为宣讲活动效果提升的途径，在机关、基层进行宣讲辅导，让意识形态入脑入心，增强宣讲工作的吸引力和亲和力。近年来，在市委市政府的领导下，首都各界从多角度入手，开展社区意识形态工作。一是以区域特点出发，设计了差异化意识形态工作方案。北京所辖地区范围广，发展特点不同，由于不同的地理位置、社会资源、经济发展水平、文化背景等因素，不同区域的意识形态工作也就存在着一定的差异，根据区域特点，设计符合当地实际和人们需求的特色意识形态工作方案。延庆、怀柔、密云、平谷等地分别提出了针对其农村和城区不同的意识形态工作方案，城区除常规的意识形态工作外，对流动性人口多、人员密集复杂的特殊地区，采取不同的方案。二是结合社区成员的需要，丰富了社区意识形态工作的活动形式。人的兴趣是多方面的，社区意识形态工作要迎合人的兴趣发展，开展多样化形式，利用大讲堂、学习周等，广泛开展意识形态工作，吸引更多的人参与其中。三是培养了一批从事社区意识形态工作的人才，确保社区意识形态工作具有充足的人力资源。目前，北京已建立上千只宣讲队伍，形成一支专兼职结合、以兼职为主的稳定的从事社区意识形态工作队伍；组织万余名各行各业的基层宣讲员，有效发动社会力量，在全市范围内组织开展"中国梦·我的梦""最美北京人"等宣讲活动。四是建立起市区县（工委）、街道（乡镇）、社区（村）四级百姓宣讲体系，走进社区、农村、机关、学校、军营、企业等进行宣讲；通过社区传播平台，实现群众自我教育，弘扬中国精神，凝聚中国力量。五是优化社区意识形态工作管理体制。社区的不同辖区之间要加强相互之间以及与外部的交流合作，做到资源共享、优势互补。建立了社区相互学习、交流经验、沟通信息的平台，这样可以使得不同社区相互之间在师资队伍、课程教材以及图书资料等方面实现资源上的共享。同时，以重大活动为契机，将社会主义核心价值观的培育与实践活动推向更深层次，广泛开展围绕爱国、诚信、友善等主题的核心价值观教育活动，培育与提升社会成员的核心价值观。

（三）发挥新兴网络媒体平台意识形态工作

近年来，随着新媒体的发展，传播格局发生深刻变化，在各类新兴媒体平台中，互联网成为新的阵地，越来越多的年轻人从中获取信息，形成线上线下呼应趋势。而各种错误思潮、错误言论也借助网络平台得以传播，双刃剑的"反锋"作用持续发酵，如不妥善处理，激发"正锋"正能量，则易于导致网络阵地的失守。

首都社会主义意识形态建设一直注重网络平台的作用，把网站建设纳入工作体系，以政策扶持和体系管理方式，推动党建创新工程。设置专门部门，负责网上舆论引导。建设网络品牌平台，着手打造了首都之窗、千龙网、宣讲家网等一大批在国内有影响力、在首都有公信力的意识形态宣传工作网站，立足北京，辐射全国。如千龙网开辟的新栏目，由北京要闻、原创新闻和评论、直播访谈、视频、专题、服务类信息组成，辅以全国和国际要闻。在这里，网友可以看到北京最及时的重要新闻，可以"听"到评论、专题、视频、访谈等体现网站观点的声音，还可以查询到北京各领域、各类专业化、生活化服务信息，受到网友的一致好评，每日点击量、访问量万余次。

北京是全国的"网都"，集中了全国 90% 的门户网站。郭金龙强调，"必须把网上舆论作为宣传思想工作的重中之重来抓，尽快掌握这个舆论战场上的主导权。"要善于利用新技术和新方法，通过大数据分析，切实把握网络舆论工作主动权。建立网络舆论报送收集制度，定期汇总首都各地区报送的网络舆论，掌握信息，及时处理网络上传播的错误言论，错误观点，在针对历史虚无主义、曲解英雄历史、抹黑和围攻党和国家利益的各种斗争中取得主动，实现了对首都网络意识形态的积极引导和有效管控。通过建立了人网评员队伍，指导各区县、委办局组建了近百支网络发言队伍，利用新闻跟帖、论坛发帖，传播社会主义意识形态，引导群众参与到网络评论中，积极组织评论员撰写评论，对有关社会主义意识形态的事件做细化分析，形成很好的网络舆论引导氛围。

打造网上大讲堂，重点推进以市委讲师团主办的宣讲家网等网上讲堂平台建设，加大投入力度，邀请专家学者，针对社会现实热点问题，录制网络课程，对全会决议、国家战略等热点进行深度解读。设置图解理论等模块，以鲜活的案例和生动的图片阐释社会主义理论。设置专题讲座，围绕"群众路线教育活动""三严三实教育活动"、学习贯彻"四个全面"重大战略布局等展开专题解读和讲座。

积极推进微传播，利用微博开通北京微博发布厅、平安北京等影响力微博平台，展开宣传推广。截至目前，总粉丝数量已超过500万，充分发挥了微博、微信等新媒体新技术平台作用，加强社会主义意识形态宣传工作的无缝衔接。完善网络新闻发言人制度，利用新闻跟帖、论坛发帖、博客等方式，进行正面宣传和舆论引导，牢牢把握网络舆论的主动权、引导权、管理权和话语权。同时，与新华网、前线手机报等主流网络媒体展开合作，开设网络专题手机直播，及时推送信息，抢占时机、道义、表达的制高点，批评错误观点，弘扬正能量，通过对度的把握，让观众与宣传内容产生共鸣，从而鼓舞社会成员，形成健康向上的文化氛围。

三、着眼大尺度谋划，促进首都社会主义意识形态的精神产出

时任市委书记郭金龙指出，在全面深化改革的基础上，首都要大尺度思考和谋划。经济要大尺度，意识形态建设也要大尺度，要树立大宣传的工作理念，将意识形态工作提高到重要的地位，统筹其他各个部门、各条战线领域工作。首都社会主义意识形态建设多年来统合各种资源，进行全覆盖，在社会主义核心价值观的视域下，推进首都社会主义意识形态的精神产出，发挥辐射和影响作用。

（一）加强区域联动，形成整体合力

近年来，北京市委、市政府坚持放开视野，把意识形态工作放在首都发展大背景下和全国大形势下去思考、去谋划，放在京津冀协同发展国家战略的框架下开展。随着城市功能的调整，特别是京津冀协同发展国家战略的推动，首

都意识形态工作与周边地区的意识形态工作密不可分，京津冀地区经济、人才交往越来越频繁，思想碰撞与交流日趋增多。因此，如何利用首都地区意识形态优势辐射周边地区，吸收周边地区意识形态工作优秀经验，营造共赢局面，不仅对首都意识形态工作有益，而且是京津冀协同发展国家战略布局的重要任务之一。

对此，首都积极推动与周边地区意识形态建设的合作，不就北京说北京，破除一亩三分地的思维，坚持"城市开发有范围，意识形态无边界"的原则，推出一系列意识形态工作策略、方案，在全国形成示范效应，促进首都社会主义意识形态的精神产出。北京周边地区的意识形态安全是首都北京意识形态安全的保障，其与首都北京相协调，会对首都意识形态建设产生巨大的推动作用，如果区域发展不平衡，则会产生负影响。北京不断推动与周边地区在意识形态建设领域信息共享，建立预警机制，完备信息系统，保障首都以及环首都地区的意识形态安全，形成整体合力，共同构建意识形态建设合作体。

（二）深化文化发展，发挥辐射作用

文化作为软实力，是意识形态的体现，人们在文化潜移默化的影响下，价值观会受到影响，从这一角度说，文化培育是社会主义意识形态工作不可忽视重要方面。

首都把文化发展作为社会主义意识形态建设的重要工作之一，统筹文化事业和文化产业，积极培育新的增长点；通过政策扶持，设立专项资金，支持文化创意产业发展，鼓励有利于社会主义事业的各类文化产业，认定了30多个市级文化创意产业集聚区。通过融资服务体系，大力推动文化与资本的对接，有效地融通了文化与资本的关系，统筹好经济效益和社会效益，在市场经济条件下，用资本引领文化产业的健康发展，弘扬主流意识形态，发挥文化在社会主义意识形态建设中的功能，确保文化体制改革始终沿着正确方向前进。北京市还积极发挥草场地、798、宋庄艺术区等地的文化创新功能，培育文化创新，用多样的形式，把社会主义意识形态的优秀内容展现出来，使文化创新成为传

播社会主义意识形态的优良载体。支持北京市基层公益性演出活动，进行低票价补贴，鼓励团队创作活力，提高公益演出水平，把社会主义观念融入到演出之中，对人民进行潜移默化的影响。

在文化培育创新的基础上，北京市连同津冀等地，召开了京津冀三地加强文化协同发展座谈会等会议，建立了三省市文化工作联席会议，辐射津冀地区。统筹华北五省区的文化资源，推出文化惠民举措。统筹各方力量，协调各种关系，集中优势资源，形成推动首都社会主义意识形态建设的强大合力。

（三）加强理想信念教育，凝聚首都共识

理想信念教育是意识形态建设的核心工作之一。"士贵立志，志不立则无成。"坚定的理想信念可以有效地防御外来干扰，保证意识形态安全。北京市委、市政府在意识形态工作中，用中国梦这个最大公约数作为理想信念的指针，积极对社会成员进行理想信念教育，广泛凝聚首都各界共识。

北京根据机关事业单位多的特点，组织各类培训班，不断丰富理想信念教育内涵，推动理想信念教育入眼、入脑、入心、入行。一是读原著，推动理想信念教育"入眼"。邀请专家学者对马列经典进行系统的阐述和启发，梳理中国特色社会主义理论创新的过程和脉络，为机关事业单位干部自我学习、深入思考奠定基础。二是看现场，推动理想信念教育"入脑"。组织机关事业单位干部赴革命地区开展体验式教学，弘扬革命传统、提升思想境界。三是议体会，推动理想信念教育"入心"。帮助机关事业单位干部深入剖析自我、查找问题、挖掘根源、明确方向。

此外，北京市非公经济发展迅猛，流动人口多，组织结构不明晰，利益需求多元，思想状况复杂多变，是首都意识形态建设一直以来的难点之一。针对这一问题，首都意识形态工作将中国梦作为凝聚各领域人员思想的抓手，找到最大公约数，激活首都人民的思想活力，筑牢全市人民团结奋斗的共同思想基础。对于非公有制经济人士，北京市制定下发《关于开展非公有制经济人士理

想信念教育实践活动的实施意见》，制定切实举措推动非公人士理想信念教育实践活动的开展。采取举办报告会、开展调研、座谈、交流研讨等方式，广泛进行动员部署和学习讨论活动，组织企业家和各界非公人士收听收看"中国梦大讲堂"专题报告。邀请专家围绕社会主义发展的新情况新特点、民营企业家与中国特色社会主义、中国经济发展与供给侧改革等作专题报告，引导非公有制经济健康发展。围绕主题，树立可信、可比、可学的典型，突出理想信念的中心内涵，引导人们学习。

四、服务"四个中心"，引领社会主义意识形态前沿阵地

不论是之前的首都定位，还是国家层面的京津冀发展规划的战略部署，北京作为政治中心、文化中心、国际交往中心、科技创新中心的"四个中心"的地位都没有变，这四个中心，不仅构成了首都北京的显著区域特点，而且直接关系到首都社会主义意识形态工作的战略选择。多年来，首都社会主义意识形态建设始终围绕"四个中心"建设，引领意识形态前沿。

（一）坚持大局观念，维护意识形态安全

首都作为"四个中心"，意识形态领域复杂，涉及范围广。首都意识形态工作多年来坚持大局观念，秉承意识形态无小事的原则，始终与党中央意识形态工作保持高度一致，同各种反动思想和意识形态开展针锋相对的斗争，维护意识形态安全。

首都地区国际交流频繁，国内交往密切，为某些西方国家推行和平演变策略提供了很好的"伪装"，也为国内的一些反动势力搞意识形态的破坏提供了"掩护"，因此必须十分警惕。首都各界坚持以马克思主义为指导，旗帜鲜明地保持意识形态工作的正确方向，加强思想理论领域管理，"增强主动性、掌握主动权、打好主动仗，加强正面引导，帮助干部群众划清是非界限、澄清模糊认识"，通过一系列敏感问题的妥善处理，杜绝了意识形态领域杂音噪音的出现和蔓延。

新形势下，利益多元、观念多变，意识形态领域阵地的情况比以往任何时候都要复杂。为应对复杂局面，反击国内外反动势力对社会主义意识形态的攻击，首都通过完善舆情研究机制，加大对社情舆情的汇集分析，通过大数据等方式，为加强舆论调控提供依据，起到了及时把握倾向性、苗头性问题的作用。同时，市委要求各级党委主要负责同志要旗帜鲜明地站到意识形态工作第一线，敢于斗争，不做旁观者。

（二）强化归属管理，坚持守土有责

面对首都民办社科研究机构多、社会团体组织多、演艺活动多等特点，首都意识形态工作强化归属管理，坚持守土有责。用职能分工解决复杂问题，落实责任部门，使不同领域内的意识形态工作可以找到归口，便于管理和操作。

理论管理部门对民办社科研究机构实行托管管理，托管部门对托管机构负责。如由北京社科联负责所属学会和民办社科研究机构成立登记、变更登记、注销登记前的审查和年度检查的初审，在严把入口关的基础上，实行跟踪动态管理。文化部门负责文化市场出版物及演出等的管理，出台文化市场管理系列制度法规，对政治性非法出版物坚决查缴，以法律规范文化市场。加强对有低俗内容的小剧场、文艺演出的管理，确保文艺活动的正确方向。

（三）开展对外传播，促进社会主义意识形态走出去

意识形态建设不仅要做好自身，还要走出去，只有走出去，才能把社会主义意识形态传播到全世界。因此，北京作为国际交往中心，还承担着社会主义意识形态对外输出的功能。习近平总书记指出，"要精心做好对外宣传工作，创新对外宣传方式，着力打造融通中外的新概念新范畴新表述，讲好中国故事，传播好中国声音。"按照总书记部署和要求，北京市广泛开展对外宣传和文化交流。抓好新闻发布工作，在全国率先实行了党委新闻发言人制度，形成了系列发布、主题发布、立体发布的新闻发布格局。圆满完成了北京奥运会、国家庆典活动、纪念建党 90 周年、抗日战争胜利 70 周年等活动的对外宣传任务，

创造了很多新鲜经验。全力做好媒体服务工作，成立了"一站式"服务办公室，实施了"采访线"工程，创办了"北京沙龙"活动，精心组织集体采访和专访活动，有效影响了境外媒体报道基调。认真做好外宣品生产发放工作，外宣品摆放范围覆盖了全市主要涉外场所，奥运和城市宣传片每年在主要外国航空公司 100 多万架次航班上播放。每年配合我国重要外事和外宣活动，精心组织对外文化交流，形成了"魅力北京""北京文化周"等文化交流品牌，充分展示了我国和北京的良好形象。

（四）强化阵地管理，改进高校意识形态工作

首都是高校的聚集区，拥有大量的青年学生群体，大学生思想活跃，易于受各种思潮影响，因此，处理好高等院校的意识形态工作，对首都意识形态稳定功能作用突出。

北京市一直以来十分重视高校的意识形态工作，强化阵地管理意识，研究制定加强改进高校意识形态工作意见，在高等院校坚持马克思主义的统领地位，强化马克思主义在大专院校、学术部门的主课、主渠道、主阵地的"三主"地位，用科学理论研究和武装头脑。对高校教师加强党性培训和管理，要求高校教师必须守好政治底线、法律底线、道德底线。

同时，设立专门课程，在高等院校思想政治理论课中加强爱国主义教育，强化大学生社会主义意识形态观念。严格审批境外资金和非政府组织对高校提供的各类资助，依法加强对其监管，防止西方披着课题资助的外衣，对高校青年学生群体进行意识形态渗透。加强校园网络管理，控制对外网络出口，设立管理部门，引导校内 BBS 舆论，明确大是大非。严格高校课堂教学纪律，坚持课堂教学的意识形态正确导向，巩固思想整理，通过讲座、论坛申报制度，封堵各种传播渠道，杜绝各种错误观点在高校校园中的传播，筑牢抵御渗透的防火墙。

多年的实践探索，形成了一系列具有首都北京特点的社会意识形态工作方

式，概括起来有以下方面：一是与党中央保持一致。首都北京的意识形态工作是全国意识形态工作的前沿阵地，多年来，北京始终高举中国特色社会主义伟大旗帜，坚持以中国特色社会主义理论体系为指导，深入落实习近平总书记系列重要讲话精神，始终与中央保持高度一致，坚决贯彻落实中央和市委决策部署。二是鲜明的大局意识。紧紧围绕首都的"四个定位"，围绕全国一盘棋的思路，在大局下思考和行动，使首都社会主义意识形态工作始终服从服务于党和国家以及首都改革发展稳定的大局。三是群众意识。首都社会主义意识形态工作坚持服务群众、依靠群众，把人民群众的需要作为根本出发点，贴近实际、贴近生活、贴近群众，发挥人民群众在意识形态工作中的主体作用。四是安全意识。首都积极稳妥地维护社会主义意识形态安全，把意识形态安全工作放到首要的突出位置，掌握意识形态工作的话语权，通过舆论导向，夯实意识形态工作阵地，确保首都社会主义意识形态安全。它们构成了首都社会主义意识形态工作的突出特点，是我们进一步推进意识形态建设的宝贵财富。

第三节　新时代首都意识形态日常生活化建设的时代必然性

日常生活是意识形态的诞生地和归宿地，新时代的意识形态建设必然要求日常生活化。习近平总书记指出，"一种价值观要真正发挥作用，必须融入社会生活，让人们在实践中感知它、领悟它。要注意把我们所提倡的与人们日常生活紧密联系起来，在落细、落小、落实上下功夫。"[①] 推进首都意识形态日常生活化建设有着深刻的理论逻辑、实践逻辑、历史逻辑和现实逻辑。意识形态的日常生活化不仅是思想理念价值转化的需要，也是基本方略贯彻落实的需要，同时是建构新时代改革治理共识的需要。思想作为时代智慧的结晶，不是纯粹思辨的游戏，而有着大众化的诉求和必然，意识形态要真正实现对群众的掌握就必然要推进日常生活化建设。

---

① 习近平 . 习近平谈治国理政 [M]. 北京：外文出版社，2014：165.

一、新思想价值转化的需要

新思想价值转化需要意识形态的日常生活化。党的十八大以来，面对深刻变化的世情、国情、党情，我们党紧紧围绕"新时代坚持和发展什么样的中国特色社会主义、怎样坚持和发展中国特色社会主义"[①]这一时代主题，坚持马克思主义思想路线，进一步深入探索"三大规律"，形成了习近平新时代中国特色社会主义思想。新思想具有深刻的历史必然性和时代合理性，一方面具有科学性，深刻揭示了政党治理、国家治理以及全球治理的内在规律；另一方面具有开放性，不仅体现在发展了马克思主义，而且体现在思想体系更加具有全球视野。换言之，新思想体现了本质规律性，而马克思主义是合规律性与合价值性的统一，新思想不能只停留在理论建构层面，也要转化为人民群众的现实认知尤其是日常生活认知。

新思想的时代意义和历史地位，决定了意识形态日常生活化的重要性和紧迫性。强调科学理论转化的内在原因就是人民群众不能自觉形成科学的思想理论，要将自觉形态的价值理念"灌输"到人民群众的观念中，实现自发状态向自觉状态的转化，这是无产阶级运动的客观规律揭示和无产阶级政党的经验总结。同时科学性与开放性密不可分，开放性是科学性的重要条件，科学性是开放性的目的归宿。推进新思想的日常生活化建设有助于进一步发展新思想，及时分析新问题、解决新矛盾、提出新理念，实现人民群众智慧与国家意识形态的良性互动，为新思想的开放发展提供鲜活材料。

二、新方略实践展开的需要

习近平新时代中国特色社会主义思想作为马克思主义中国化最新成果，不仅具有科学性和开放性，还具有马克思主义的鲜明实践性。新时代基本方略作为新思想的实践展开，是新时代发展、改革、治理等各方面的根本遵循。接续推进

---

① 习近平. 在中国共产党第十九次全国代表大会上的报告 [M]. 北京：人民出版社，2017：18.

基本方略就要以意识形态的日常生活化为基础，奠定路线、方针、政策执行的群众基础和社会基础。中国特色社会主义事业是全体中国人民的事业，基本方略的贯彻落实需要最广大人民的广泛参与和支持，要团结一切可以团结的力量，实现对一切积极因素的调动和对消极因素的转化。这一过程实现的基础是价值认同和政策认可，相较于理论性、学术性的意识形态传播而言，意识形态日常生活化在实现政治领导、思想引领、群众组织和社会号召中发挥着更为直接的作用。

全面小康社会和社会主义现代化强国的建成就是一个共建共治共享的过程，推进基本方略需要在共建共治共享中统筹区域、城乡、阶层之间以及国际与国内之间的关系，实现统筹兼顾就要增进人民群众的意识形态认同，最为直接的路径就是日常生活化。共建是基础，共建的前提是人们对路线方针、战略部署、政策策略的认知与赞同，在此基础上才能形成共建的氛围与意识；共治是保障，共治的实现不断增强人民的表达、参与、监督的意识与能力，这种意识与能力的培育就需要以更为柔性化、通俗化的方式加以开展；共享是归宿，共享不仅意味着制度安排和政策倾斜，更意味着人们的共享意识和能力。由此，共建共治共享局面的出现必然要求意识形态的日常生活化。

三、新时代共识构建的需要

"人民性是马克思主义最鲜明的理论品质"[①]，马克思主义及其中国化成果以人民性为旨归。这种理论品质体现在历史观上坚持群众史观，方法论上坚持群众路线。党的初心与使命和党领导革命、建设、改革的理论与实践都是"以人民为中心"，理论建构和实践指向的人民性需要转化为人民的积极认知。为此，在尊重人民主体地位，发挥人民创造精神的同时，注重以科学的价值理念引导人民。一方面不断增强党的领导地位和执政地位，另一方面不断增强新时代改革与治理的合力基础。在国际局势日趋复杂和国内社会结构深刻调整的背景下，凝聚共识显得尤为重要，尤其是改革开放的共识。这一共识的达成不仅

---

① 习近平. 在纪念马克思诞辰 200 周年大会上的讲话 [M]. 北京：人民出版社，2018：17.

关系到具体政策的制定实施，还关系到路线方针的接续坚持，甚至关系到中国特色社会主义道路的方向。为此，就要将改革开放四十年取得的巨大成就和道路、理论、制度、文化的优势以人民喜闻乐见的形式加以呈现。

共识的时代价值还体现在对伟大斗争、伟大工程、伟大事业、伟大梦想相互关系的统筹协调上。中国共产党具有"自我革命"优良传统和自觉意识，并以此引导"社会革命"，这一过程的实现需要意识形态的感召力、凝聚力和引导力。推进伟大工程本身存在意识形态日常生活化的问题，党建话语的大众化取向就是鲜明表现。将伟大事业和伟大梦想的宏伟目标与战略部署转化为人民话语，才有助于人民认识到长远利益与当前利益、整体利益与局部利益的统一性，从而建构起"价值共同体"，为新的伟大斗争奠定坚实思想基础。

四、域外意识形态日常生活化的经验借鉴

推进我国意识形态日常生活化建设也是域外意识形态日常生活化的经验借鉴。

（1）内容表达方面。境外国家和地区在意识形态传播领域层面，更加侧重日常生活领域，通过日常消费、休闲娱乐、人际交往等活动形式将意识形态内容进行转化，尤其是借助新媒体平台，进行研发和制作动漫游戏、电影电视、综艺节目等文化娱乐产品，将西方的思想观念、生活方式、政治取向等融合在人们日常生活、学习、工作、教育与消费领域。在意识形态话语符号层面，话语表达更加轻松愉快。西方国家将将意识形态的内容进行转化，以口号化、符号化、标识化等形式进行传播，并且通过大众文化的传播培育习惯偏好，尤其对青少年思想产生依赖性影响。

（2）传播形式方面。一是将意识形态内容与信息化技术手段相结合，通过新媒体的技术优势传播西方的生活方式，并培育"意见领袖"对舆论施加影响，借助新媒体传播特点对日常生活领域的事件进行政治化，达到一定的政治性目的；二是利用工业产品进行价值传播，将衣食等日常生活领域意识形态化，

不仅具有传播的潜在性，而且具有环境塑造性，尤其对于青少年具有诱导作用；三是通过非政府组织发挥作用，利用这些组织的非政治性进行意识形态活动，往往有助于降低人们的警惕性，在无意识造成的盲区进行渗透；四是设立"社会治理"等援助项目，通过各种文化交流、合作、培训项目进行价值观输出。

（3）作用机制方面。与两极对峙格局时代的意识形态宣传特点相比，当今西方意识形态作用机制更具潜在性。西方国家利用新生事物或平台进行意识形态的宣传，借助人们认识的局限性、法律相对不健全以及控制薄弱区进行渗透，比如慕课作为一种在线教育新形态，在免费共享教育资源的同时，也存在意识形态输出的情况。

因此，随着经济全球化深入发展，意识形态日常生活化的趋势更加明显，在内容方面更具生活化、娱乐化，在载体方面兼具实用性与意识形态性功能，作用机制更加碎片化、分散化、个性化、渐进化。

第七章　新时代首都意识形态安全面临的
新问题新任务

北京作为国家首都和政治文化中心，京津冀协同发展的核心，既是改革开放的前沿，也是意识形态斗争的前沿。当前首都的意识形态安全形势依然复杂，仍处于问题易发多发期。党的十八大以来，国家处于全面深化改革的关键时期，处于向更高发展阶段迈进的阶段，也是首都疏解非首都功能、治理"大城市病"的关键几年。首都要实现建设 ·流的国际和谐宜居之都的战略目标，需要认真排查意识形态领域的主要风险点，提早制定战略思路和对策以谋划应对。

第一节　新时代影响中国主流意识形态的几种主要社会思潮

随着中国改革进程的不断深入，各种社会思潮不断涌入意识形态领域。这些社会思潮在当代中国的传播和蔓延，对我国的意识形态安全产生了一定的消极影响。因此，要全面认识几种主要社会思潮，尤其是十八大以来产生重要影响的几种社会思潮，通过对它们主张、实质、发展及影响等方面的分析，正确认识并有效把握它们，进而保障我国意识形态领域的安全。

一、新自由主义

新自由主义是十八大以来在中国意识形态领域影响最为广泛和深刻的一种

社会思潮。它产生于 20 世纪 30 年代的西方发达国家，20 世纪 80 年代伴随着经济全球化的浪潮传入改革开放的中国，由此在中国逐渐兴起和传播。

新自由主义虽然流派众多，观点主张不尽相同，但它们都是在亚当·斯密古典自由主义思想基础上建立起来的理论体系，它们的主张存在一定的共性。一是主张发挥市场的自发调节作用，反对政府对经济生活的干预。新自由主义在经济上主张自由化、私有化、市场化，认为自由是效率的前提，私有制是推动经济发展的基础，市场可以实现自由的合理配置。①因此，新自由主义强调市场机制在生产要素的合理配置方面的重要作用，反对凯恩斯主义的政府干预。二是肯定私有制经济发展框架，反对非资本主义私有制。新自由主义肯定私有制的优越性，认为市场能够进行自发调节是以私有制为前提的，主张要在私有制经济发展的框架内发展资本主义经济。鉴于私有制的优越性，新自由主义反对任何非资本主义私有制，认为这会给资本主义经济发展带来不利影响。三是主张维持市场经济的自由竞争，反对妨碍经济自由的垄断力量。新自由主义是以自由放任为原则的，任何形式的垄断都是自由的障碍。要保证市场经济的自由竞争，就要防止妨碍经济自由的垄断力量。这就需要努力营造自由竞争的氛围，促使垄断组织在自由竞争的条件下进行经济活动。四是坚持传统的健全财政原则，反对福利国家制度。"新自由主义主张量入为出、开支尽可能节省、税收尽可能减少，做到收支平衡"②，这就构成了其坚持的健全财政原则。对于福利国家制度，新自由主义者持反对意见。他们认为社会福利制度会助长个体的惰性，不利于市场经济的自由竞争。

正确认识新自由主义思潮，既要看到其刚传入中国时的积极影响，也要看到之后越来越明显的消极作用。新自由主义对市场经济自由竞争的推崇与当时中国改革开放大环境下社会主义市场经济的探索相契合，一方面，以经济建设为中心的社会主义初级阶段基本路线和社会主义市场经济的探索为新自由主义

① 吴兆雪，叶政.利益分化格局下我国主流意识形态建设研究 [M].合肥：合肥工业大学出版社，2015：128.

② 段忠桥.当代国外社会思潮 [M].3 版.北京：中国人民大学出版社，2010：50.

在中国的兴起和传播提供了有利环境；另一方面，新自由主义坚持的自由放任原则和对市场机制自发调节的肯定为中国的改革开放提供了一定的方向指引。但随着新自由主义在中国社会的持续推广，其实质和弊端也不可避免地暴露了出来。一是新自由主义是国际垄断资本全球扩张的经济手段。它实际上是适应国家垄断资本主义向国际垄断资本主义转变的理论思潮、价值体系和政策主张。① 在整个国际经济格局中，西方资本主义国家占据绝对优势地位。他们企图通过新自由主义的传播和推广来为国际垄断资产阶级对全球工人阶级的剥削提供理论支撑，进而实现垄断资本的全球覆盖，从中获取更多的经济利益，维护自己的经济霸主地位。二是新自由主义是企图颠覆社会主义政权的政治工具。"整个帝国主义西方世界企图使社会主义各国都放弃社会主义道路，最终纳入国际垄断资本的统治，纳入资本主义的轨道。"② 社会主义国家一直是西方资本主义国家的"眼中钉"，颠覆社会主义政权始终是西方资本主义国家的政治图谋，新自由主义由此成为西方资本主义国家摧毁社会主义国家政权的意识形态武器。三是新自由主义是反对马克思主义的文化力量。资本主义的一切统治，"不管它的形式如何，本质上都是资本主义的机器，资本家的国家，理想的总资本家"③。新自由主义从本质上讲是为资本主义制度做辩护的社会思潮，其代表资产阶级的根本利益，是反对马克思主义的文化力量。

二、民主社会主义

民主社会主义最早出现于 19 世纪 40 年代的西欧国家，它是一种改良的资本主义制度。民主社会主义被喻为"资本主义床边的医生和护士"，试图通过改良主义的方法解决资本主义社会的矛盾和弊病。④ 民主社会主义在中国共产

---

① 李瑞英．警惕新自由主义思潮 [N]．光明日报，2004-11-09（4）．

② 邓小平．邓小平文选：第 3 卷 [M]．北京：人民出版社，1993：311．

③ 马克思，恩格斯．马克思恩格斯选集：第 3 卷 [M]．中共中央马克思恩格斯列宁斯大林著作编译局，译．北京：人民出版社，2012：810．

④ 靳辉明．关于当前影响我国的四种社会思潮的剖析和思考 [J]．重庆邮电大学学报（社会科学版），2009（2）．

党初创时期就传播到国内，随着当代互联网的快速发展，民主社会主义作为一股社会思潮开始在中国传播，影响人们的思想观点和价值观念。

民主社会主义的理论主张虽然根据时代条件变化有过一定的调整，但其基本价值观点是相对固定的。一是主张建立混合型经济体制，否定社会主义公有制。民主社会主义认为要充分发挥资本主义私有制的积极作用，要以资本主义私有制为前提条件，实行多种所有制经济并存的混合型经济体制。民主社会主义者认为社会主义不一定要以公有制为基础，合理的经济体制需要有私有制做前提和保障。[①]二是主张建立资本主义多党制，否定工人阶级领导。"民主社会主义主张建立多元化政治制度，这种政治制度以政治多元化、多党制为主要特征。"[②]民主社会主义者坚持超阶级的国家观，认为国家不是一个阶级对另一个阶级进行压迫和统治的工具。因此，他们否定工人阶级的领导，主张建立超越阶级的全民政党。三是主张指导思想多元化，否定马克思主义指导。"虽然民主社会主义在 19 世纪 70—90 年代把马克思主义作为指导思想，有了一定的科学社会主义的内容，但这并不能改变其主张的实质。"[③]长期以来，民主社会主义始终坚持指导思想的多元化，认为意识形态的自由才是思想上民主的真正表现。民主社会主义者反对马克思主义的一元指导地位，认为应该吸收各种优秀理论成果来实现思想的多元化和自由化。

民主社会主义虽然在推动经济发展、保障公民权利、促进思想多元发展方面产生了一定的积极作用，但它本质上是一种资本主义的改良产物，对于中国意识形态安全造成了一定的负面影响。一是民主社会主义实质上否定了社会主义基本经济制度。民主社会主义主张建立的混合型经济体制是对社会主义公有制的否定，是对以公有制为主体、多种所有制经济共同发展的社会主义基本经

---

① 左鹏.意识形态领域挑战社会主义核心价值体系的几种主要社会思潮 [J].思想理论教育导刊，2014（4）.

② 梅荣政.用马克思主义引领社会思潮 [M].武汉：武汉大学出版社，2008：154.

③ 林泰.问道——改革开放以来的社会思潮与青年思想政治教育研究 [M].北京：中国社会科学出版社，2013：204.

济制度的否定。二是民主社会主义动摇了马克思主义的指导地位。民主社会主义主张指导思想的多元化，反对马克思主义的一元指导地位，认为把马克思主义本身作为唯一的指导思想是反民主的。这些观点和主张在一定程度上会对民众的思想观点和价值观念造成一定的影响，一些马克思主义信仰者会对马克思主义的科学性和真理性产生质疑，而一些非马克思主义信仰者会更加排斥和抗拒马克思主义，这对我国主流意识形态的传播产生了一定的消极影响。[①] 三是民主社会主义模糊了对于中国发展道路的选择。民主社会主义主张走"第三条道路"，即介于资本主义和社会主义之间的道路。"第三条道路"是一种改良的资本主义，其实质是走向资本主义的发展道路。我们要明确："中国特色社会主义是社会主义而不是其他什么主义，科学社会主义基本原则不能丢，丢了就不是社会主义。一个国家实行什么样的主义，关键要看这个主义能否解决这个国家面临的历史性课题。历史和现实都告诉我们，只有社会主义才能救中国，只有中国特色社会主义才能发展中国，这是历史的结论、人民的选择。"[②]

三、历史虚无主义

20 世纪 30 年代历史虚无主义伴随着中国的"全盘西化"论出现，到 20 世纪 80 年代末 90 年代初，随着中国进入改革开放的历史新时期，历史虚无主义以"学术反思""重新评价历史"为名又重新泛起并传播。历史虚无主义主要围绕着否定历史这个主题展开，其主要观点不是否定全部的历史，而是否定特定阶段的历史。一是否定中国革命的历史进步性。历史虚无主义认为革命是对整个社会的根本性破坏，是没有任何积极意义的。在历史虚无主义者的眼里，中国近代以来近百年的争取民族独立和解放的革命，只给中国人民带来了严重的破坏和伤害，毫无意义可言。他们认为太平天国运动是无意义的，辛亥革命"完全是近代中国特殊历史条件下革命志士鼓吹、争取的结果"，对整个中国造成

[①] 吴兆雪，叶政. 利益分化格局下我国主流意识形态建设研究 [M]. 合肥：合肥工业大学出版社，2015：130.

[②] 习近平. 习近平谈治国理政 [M]. 北京：外文出版社，2014：13.

了严重的破坏，整个中国革命史就是"一部不断地杀人、轮回地杀人的历史"。①
二是否定中国共产党领导的社会主义建设和改革的历史成就。历史虚无主义对
于中国共产党领导的社会主义建设和改革予以了否定。②面对改革进程中出现
的矛盾和问题，历史虚无主义者也提出了质疑。三是颠倒对历史人物功过是非
的评价。历史虚无主义者对正面历史人物贬斥，而对反面历史人物颂扬。如美
化慈禧太后、李鸿章、袁世凯等人物，抹黑农民起义领袖和无产阶级领袖。③
这种对于历史人物功过是非的颠倒性评价严重影响了历史人物在民众心中的形
象，对于民众的思想观点和价值观念造成了消极影响。

历史虚无主义实质上是一种唯心主义的历史观，它对历史进行考察和研究
时并不是按照历史的真实呈现来展开的，它的传播和发展对于中国意识形态安
全带来严重的消极影响。第一，历史虚无主义通过否定社会主义建设和改革，
企图改变我国社会主义现代化建设和改革开放的发展方向。如在经济上，主张
废除生产资料公有制，进而达到彻底私有化的目的。在政治上，否定中国共产
党的领导，削弱甚至废除中国共产党的执政地位。第二，历史虚无主义会降低
民众对于马克思主义指导思想的认同，扰乱主流意识形态格局。历史虚无主义
从根本上来说是否定马克思主义的指导地位的，它将马克思主义等同为历史虚
无主义，认为马克思主义者就是历史虚无主义者。这完全颠倒了正确的思想观
点和价值观念，对于马克思主义在中国的传播和推广，以及马克思主义指导思
想地位的巩固具有极其严重的负面影响。在这种错误思潮的影响下，某些民众
可能会削弱对于马克思主义的认同，否定马克思主义的世界观和方法论。三是
历史虚无主义会影响中国精神的弘扬，阻碍中华民族伟大复兴中国梦的最终实
现。历史虚无主义不仅对于中国自近代以来的革命、建设和改革事业予以否定，
对在历史上起到过正面积极作用的革命领袖和英雄人物进行贬低和丑化，还对

---

① 李泽厚. 中国现代思想史论 [M]. 北京：东方出版社，1987：420.

② 穆艳杰. 当代历史虚无主义批判 [J]. 政治学研究，2011（5）.

③ 梁柱. 详解历史虚无主义思潮 [EB/OL].（2013–08–12）[2018–06–18].http：//www.71.cn/2013/
0812/727463_2.shtml.

马克思主义指导思想进行歪曲。这些毫无疑问会影响中国精神的传播和弘扬，进而阻碍中国梦的最终实现。

四、普世价值

普世价值，兴起于 20 世纪 90 年代全球化视域中的普世伦理问题，在中国的泛起可以追溯到 2008 年。2008 年 5 月 22 日，《南方周末》发表评论文章《汶川震痛，痛出一个新中国》，引发了一场关于"普世价值"的大讨论。此后，普世价值在中国社会依然保持一定的影响力。

要认识普世价值这一股社会思潮，首先要探析普世价值的核心内容。关于普世价值的内容，当前主要存在三种观点。第一种观点认为普世价值代表的是一种西方价值论，它是以西方的"自由""民主""法治"等为主要内容的。支持这一观点的人们认为近代以来中国传统的价值观念确实受到西方"自由""平等""人权"等观念的影响，这些由西方传入的观念在一定程度上是当前中国价值观念不可缺少的一部分，这足以证明这些西方价值观念具有普适性。[①] 第二种观点认为普世价值代表的是一种东方价值论，它是以中华优秀传统文化，尤其是儒家文化为主要内容的。支持这一观点的人们认为以儒家文化为代表的中华优秀传统文化"往往不是探讨某一族群或某一个体的问题，而是以四海为一家，探讨人之'类'的问题，……因而具有普世的、永恒的价值"[②]。第三种观点认为普世价值代表的是一种东西方共同价值论，它是以东西方内含的共同的价值观念为主要内容的。支持这一观点的人们认为东西方文化中存在着共融共通的内容，如西方价值观念中的公正、尊重、信任等内容同样也是中华优秀传统文化的重要组成部分。这是一种超越时空、超越国家的普世价值，具有积极的现实意义。对于这三种观点，我们要在看到它们合理性的同时，也要认识到它们存在的理论缺陷。西方价值论并不是普世的，而只是西

---

① 左鹏.意识形态领域挑战社会主义核心价值体系的几种主要社会思潮 [J]. 思想理论教育导刊，2014（4）.

② 王钧林.儒家伦理的普世价值 [N]. 中华文化报，2006–08–21（1）.

方国家的主流价值观念，是维护西方资本主义国家统治的意识形态工具。东方价值论也同样没能达到普遍适用、接受的程度。所谓的东西方共同价值论，它只能说是一种共同价值，而"这种'共同价值'同西方所谓'普世价值'毫无共同之处"①。

普世价值实质上是西方资本主义国家打着"自由、民主、人权"的旗号，向社会主义国家进行思想文化渗透的一种错误社会思潮，具有很强的迷惑性。对于普世价值，要清楚认识其对中国意识形态安全带来的影响。一是普世价值挑战了马克思主义在我国意识形态领域的指导地位。普世价值站在马克思主义的对立面，否定马克思主义的正统地位，认为西方资本主义国家的主流价值观念才是应该全面推行、普遍接受的正统观念。因此，普世价值的主张冲击了马克思主义的指导地位，影响了当前中国整体的意识形态安全。二是普世价值削弱了民众对于社会主义制度、道路、理论和文化的自信。普世价值是对于西方价值观念的高度推崇，企图通过"和平演变"的方式来颠覆社会主义国家政权，使之走向资本主义的发展道路。历史发展证明，"只有社会主义才能救中国"，"只有中国特色社会主义才能发展中国"，"只有坚持和发展中国特色社会主义才能实现中华民族伟大复兴"。②因此，这一错误社会思潮在中国的传播可能会使某些民众对当前中国的社会主义制度、道路、理论和文化产生质疑。三是普世价值影响了某些民众的思想和行为，降低了社会整体的精神文化水平。普世价值将"自由""民主""人权"等关键词作为自己的伪装，这恰恰迎合了当前民众对于自由、平等的期待。这就可能会消解民众对马克思主义的信仰，淡化自己的责任和担当意识，进而形成错误的世界观、人生观和价值观。这在一定程度上也会造成社会整体价值观念的错位,降低整个社会的精神文化水平。

五、民粹主义

民粹主义是一股以平民为价值核心的社会思潮，反映的是一种极端平民化

---

① 汪亭友."共同价值"不是西方所谓"普世价值"[M].红旗文稿，2016（4）.

② 习近平.习近平在纪念马克思诞辰200周年大会上的讲话[N].人民日报，2018-05-05（1）.

的社会倾向。民粹主义兴起于 19 世纪下半叶的北美与东欧，在 20 世纪上半叶传入中国。当前互联网技术的快速发展，为民粹主义的滋生和蔓延创造了条件。

"作为一种社会思潮，民粹主义的基本含义是它的极端平民化倾向，即极端强调平民群众的价值和理想，把平民化和大众化作为所有政治运动和政治制度合法性的最终来源，以此来评判社会历史的发展。"① 就民粹主义的基本主张而言，一是主张极端平民主义，反对精英主义。民粹主义是以平民为核心的，它反对精英统治。在现实中由于平民力量的有限性，民粹主义在一定程度上又要寻求精英阶层的帮助，以此来推进其斗争。由此可见，民粹主义具有一定的矛盾性。二是反对现行体制和制度。民粹主义把当前社会出现的一系列问题都归咎于现行体制和制度。"极左派认为当前改革出现的问题在于社会主义市场经济的资本主义性质，主张回到原来的计划经济，恢复公有制的全权主导地位。极右派则认为社会的这些矛盾性问题都源于改革的不彻底性，要解决这些问题必须推动政治体制改革，实现社会政治民主化。"② 三是借助其他主义来扩大影响。民粹主义借助其他主义作为自己的外衣，用爱国主义和民族主义包装其对现实社会的不满，从而使得执政者关注民粹主义的现实关怀，解决实际问题。

民粹主义虽然将民众诉求提到了一定的高度，对于民众实现自身利益具有积极作用，但这一社会思潮的非理性和破坏性决定了它的消极作用才是最主要的。一是民粹主义对中国特色社会主义制度的巩固起到了消极作用。民粹主义对现行社会制度的否定偏离了有序民主的轨道，对当代中国意识形态安全影响较大。民粹主义主张的平民思想过于强调对于平民各种利益诉求的包容和遵循，实质上是一种泛滥的民主思想。二是民粹主义对社会主义核心价值体系的弘扬起到了阻碍作用。民粹主义对于现行体制和制度的否定，在一定程度上混乱了原有的社会政治秩序，不利于社会主义和谐社会的构建。民粹主义的主张会对当前社会所推行的社会主义核心价值体系产生一定的消极影响，尤其是对作为其核心的社会主义核心价值观的弘扬起到了阻碍作用。民众在彼此相对立的意

① 俞可平.现代化进程中的民粹主义[M].战略与管理，1999：1.

② 周庆智.民粹主义思潮的表现形态与有效应对[J].理论导报，2017（1）.

识形态的影响下，极易产生混乱和误解，从而降低对社会主义核心价值观的认同度。三是民粹主义对民众正确价值观念和社会心态的培育起到了负面作用。民粹主义是一种激进的社会思潮，它主张通过暴力形式来实现所谓的社会公平正义。即使在当前的网络空间中，民粹主义也会通过人肉搜索、恶意谩骂等方式来表达其政治主张和价值观点，具有一定的极端性。① 这种思想和行为方式在一定程度上也会导致民众思想和行为的极端化。另外，民粹主义容易使民众形成错误的思想观点和价值观念，不能养成良好的社会心态，不利于具有理性思考能力和担当意识的公民的养成。

第二节　新时代首都意识形态安全面临的新问题新任务

党的十八大以来，网络舆论领域总体平稳但并不平静，首都网络舆论呈现出更为复杂多样的舆情走势。一方面，正面舆论宣传与时俱进、主动出击，影响力和认同度在不断提升，错误舆论思潮也得到一定程度的遏制。但一些非主流意识形态舆论伴随突发舆情事件间歇式活跃，首都网络舆论引导形势仍较为严峻。

一、社会和网上舆论借敏感话题和重要时间节点进行集中炒作，泛意识形态化明显

党的十八大以来的五年，正逢党和国家多个重要纪念日和重要事件节点。如建党 95 周年、红军长征胜利 80 周年、马克思诞辰 200 周年、党的十九大召开、冬奥会世界杯亚运会举行、改革开放 40 周年等。要防止错误思潮和负面网络舆论信息在敏感事件节点改头换面、制造各种话题的现象。如在"建党 95 周年"和"红军长征胜利 80 周年"等纪念日前后，一些人打着"还原真相"的旗号，恶意剪裁历史或编造谎言，质疑历史事件的真实性，要求重新评价一些重要历

---

① 人民论坛问卷调查中心.2015值得关注的十大思潮调查报告[EB/OL].（2016-01-18）[2018-06-22].http://www.rmlt.com.cn/2016/0118/415148.shtml.

史人物的功过等。网上的一些文章大都以"七分真、三分假"的手段，采用断章取义的方法，将影射内容蕴含在捏造的谎言中，否定党的光辉历史。对此，需要做好消除错误思潮的应对准备工作，密切关注舆论内容，及时传递正能量，形成有效的舆论引导力。

二、与群众日常生活密切相关的民生问题易成为突发舆情导火索，容易错误地引导舆论

近年来，房价、环保等民生领域舆论呈高发态势，增加舆情处置难度。从2017年舆情演化态势看，房价、环保、教育、涉警、医疗等民生话题持续高热，观点争论激化演变。政府需要直面问题，不断与网民沟通，敢于亮剑，旗帜鲜明地开展意识形态斗争，及时应对舆情，才能有效引导和化解网民的不满情绪。

三、互联网青年爱国力量崛起，容易引发网络暴力和极端言论

近几年来，中国新生代网民已成长为一支重要的舆论力量，对他们加强教育和引导有利于扩大网络积极正能量，凝聚青少年思想共识。同时，需对其网络活动加以关注，引导其理性表达爱国热情。防止别有用心的人士借机抹黑污名化"爱国主义"，消解"爱国"的正义性。互联网舆论场中的青年力量凸显，他们价值观积极正面、网络动员能力较强。但同时也伴随着少数人娱乐狂欢、网络暴力等现象，甚至表现出一些民粹主义、民族主义的苗头。这些情况一方面反映青年人在鱼龙混杂的网络信息中对负面信息和言论已具有一定思辨能力，勇于表达爱国情感，具备强大的线上组织动员能力。但另一方面，简单萌化的政治情怀以感性替代理性，以娱乐狂欢的态度对待严肃的政治和历史问题，一些行为稍显幼稚。

四、网络直播发展迅速，传播不当价值观易助长不良社会风气

由于兼具真实性、娱乐性、实时互动性等特征，网络直播近年来很流行。

网络直播兴起的表现，一是网络主播，二是一些门户网站对热点事件、体育娱乐等的视频、图文直播。网络直播给网络舆论带来的风险表现在三个方面。一是影响网络舆论生态，给监管带来挑战。网络直播平台有可能成为网络社群进行宣传、组织和动员的重要平台，使得一些敏感信息在监管措施到位之前就已发生大面积传播，对社会秩序和稳定带来挑战。二是网络直播或"意见领袖"，影响舆论走向。新生"意见领袖"虽以娱乐为主，但可能会在社会议题方面发言，从而影响舆论走向。三是传播不当价值观，主张不良社会风气。近一段时间来，网络直播平台发展迅速，在直播等网络直播平台均存在一定问题，如用户账号昵称、头像、签名等信息不规范，直播内容包含色情低俗、扰乱社会秩序、破坏社会稳定等违法违规内容。在"粉丝经济"的巨大红利下，个别人迷失了自己，渴望成为网红，甚至为红而丑。网红助长了社会浮躁风气，容易影响年轻人的价值观。

五、某些新政策被谣言混淆视听，"标签化"传播极易激发舆论态势

有的新政策出台前后，会有网上谣言出现，混淆民众视听。另外，在热点事件报道中，一些媒体为博眼球，以偏概全，以标签化、敏感词等吸引民众关注程度，加速舆情发酵。如2016年初哈尔滨"天价鱼"事件就激发群众热议，一些媒体加之"天价"标题使人联想到之前的"天价鱼"和"天价虾"事件，激发了网络舆论热度。

六、网络空间国际竞争激烈，舆情风险点多，加强意识形态阵地建设不可松懈

虽然近几年网络舆论环境持续好转，但网络依然是意识形态斗争的主阵地，网络意识形态安全问题愈加凸显，对国家政治安全和政权安全带来风险和挑战。网络空间国际竞争日趋激烈，"制网权"成为国家战略博弈的新焦点。未来一

段时间，网上意识形态斗争形势依然复杂。同时，知识分享类平台、网络直播社交平台、短视频 APP 等社会化媒体的兴起，以及由此引发的粉丝经济、社群经济的发展，促使传播模式向基于社交、圈层关系的多级扩散模式转变。这些都给意识形态领域的斗争带来了新挑战。

第八章　新时代创新首都意识形态
安全工作的实现路径

意识形态工作关乎党的前途命运、国家长治久安和人心向背，是党和国家的精神支柱和灵魂。党的几代领导集体都十分重视意识形态工作。毛泽东同志曾指出："掌握思想领导是掌握一切领导的第一位。"①邓小平强调："改善党的领导，其中最主要的，就是加强思想政治工作。"②江泽民指出："抓党的建设，首先是抓好党的思想政治建设，因为解决思想政治问题是做好其他工作的前提和基础。党的这个优良传统和重要经验，任何时候都不能丢。"③胡锦涛也曾在全国教育工作会议上明确指出："要坚持社会主义办学方向，牢牢把握党对学校意识形态工作的主导权。"④2013 年 8 月，习近平在全国宣传思想工作会议上强调："意识形态工作是党的一项极为重要的工作。"⑤可见，中国共产党在革命、建设和改革进程中，始终高度重视意识形态工作。尽管在不同历史时期，中国共产党经历的时代背景、发展阶段和主要任务不同，但始终牢牢掌握着意识形态建设工作的领导权，在意识形态领域的掌控能力不断提

①　中共中央文献研究室. 毛泽东文集：第 2 卷 [M]. 北京：人民出版社，1993：435.

②　邓小平. 邓小平文选：第 2 卷 [M]. 北京：人民出版社，1994：365.

③　江泽民. 江泽民文选：第 3 卷 [M]. 北京：人民出版社，2006：74.

④　胡锦涛. 胡锦涛在全国教育工作会议上的讲话 [EB/OL].（2010–09–08）[2018–05–16].http：//news.xinhuanet.com/politics/2010–09/08/c_12532198.htm.

⑤　习近平. 习近平在全国宣传思想工作会议上讲话 [EB/OL].（2013–08–20）[2018–05–16]. http：//news.xinhuanet.com/photo/2013–08/20/c_125211184.htm.

升，在推进意识形态建设中积累了丰富的历史经验。中国共产党成立 90 多年来掌控意识形态工作的历程与经验告诉我们，意识形态的战略地位和功能不可忽视，党对意识形态工作的领导权不可松懈。只有如此，才能坚守马克思主义的主流意识形态阵地，才能开辟中国特色社会主义道路的新境界。

北京是全国政治、文化中心，也是意识形态斗争的前沿阵地。北京市历来高度重视意识形态工作。时任北京市委书记的郭金龙 2013 年 11 月在全市宣传思想工作会议上强调，要牢牢把握意识形态和网络舆论工作主导权。① 党的十八大以来，市委市政府坚决贯彻十八大精神和习近平总书记一系列重要讲话精神，积极探索经验规律，不断明确思路方向，保持了意识形态领域总体平稳向好的态势。但是，正如黑格尔曾指出的："在公共舆论中真理和无穷错误直接混杂在一起。"② 当前首都意识形态主流是好的，总体呈现积极向上态势，但也存在一系列不可忽视的新情况、新问题，如首都意识形态领域面临"空前活跃、空前复杂"的态势，社会主义意识形态被"污名化"，新自由主义、历史虚无主义等主要社会思潮泛滥，非主流和反主流意识形态开始全方位、立体化渗透等。面对近年来首都意识形态出现的新情况、新问题，北京要能够全面实现意识形态领域"首都稳、全国稳"的良好发展态势，必须坚决贯彻落实中央决策部署和指示要求，保持高度政治自觉和责任担当，统一思想，凝聚共识，增添举措，坚守阵地，把意识形态工作主动权牢牢掌握在手中。首都要在意识形态工作中树立超前意识、服务意识和法制思维，灵活转变工作方式，凝聚最大公约数，为建立国际一流的和谐宜居之都创造首善环境。

第一节　研究国外意识形态建设规律，提前
做好重点舆情监测

科学性和现世性是意识形态赢得人心的前提。因此，做好新时代首都的意

① 郭金龙 . 牢牢把握意识形态和网络舆论工作主导权 [N]. 北京日报，2013-11-06（1）.

② 黑格尔 . 法哲学原理 [M]. 北京：商务印书馆，1979：333.

识形态工作，要在深入借鉴国外意识形态建设规律的基础上，提前做好意识形态领域重点舆情监测。

一、深入分析国外意识形态建设规律，借鉴国外意识形态工作经验

恩格斯说："简单地宣布一种哲学是错误的，还制服不了这种哲学……必须从它的本来意义上'扬弃'它，就是说，要批判地消灭它的形式，但是要救出通过这个形式获得的新内容。"① 这样一个具有普遍指导意义的方法论告诉我们，在认识和处理问题时要始终坚持批判原则，既不能简单否定，又要去伪存真，以极大的理论勇气去粗取精。中国的发展离不开世界，中国的意识形态建设也与世界各国意识形态建设有着密切联系。研究西方资本主义国家、国外社会主义国家意识形态建设理论和实践的规律，深入分析其成功经验和失败教训，对当代中国具有借鉴价值。

虽然西方国家和政党加强意识形态建设的内容和性质与我国社会主义意识形态根本不同，但其经过了几百年的发展历程，其意识形态工作基本策略和建设经验对我国现阶段具有一定借鉴意义。

（一）要充分认识意识形态建设的重要性和复杂性

纵观当今世界，世界各国之间的竞争不仅是经济和科技发展等"硬实力"的竞争，而且还包括意识形态在内的文化"软实力"之间的竞争。西方发达资本主义国家始终把资产阶级意识形态放在重要地位，保证了其几百年的稳固发展。当前中国处于社会转型时期，只有牢牢掌握马克思主义舆论阵地，调动一切舆论宣传工具，才能牢牢占领主流意识形态阵地。所以，习近平总书记在全国宣传思想工作会议上指出：党校、干部学院、社会科学院、高校、理论学习

---

① 马克思，恩格斯. 马克思恩格斯选集：第 4 卷 [M]. 中共中央马克思恩格斯列宁斯大林著作编译局，译. 北京：人民出版社，1995：223.

中心组等都要把马克思主义作为必修课，成为马克思主义学习、研究、宣传的重要阵地。①

（二）在意识形态教育上要旗帜鲜明，坚决批判和抵御各种错误思潮

对于错误的社会思潮，我们必须加强马克思主义为指导的社会主义意识形态建设，坚决批判和抵制各种错误思潮。因为"如果在意识形态领域不能巩固马克思主义的指导地位，东一个主义、西一个主义，在指导思想上搞多元化，搞得五花八门，最终必然由思想混乱导致社会政治动荡"。②

（三）必须坚持"尊重差异，包容多样"原则，努力实现主旋律和多样性的统一

西方国家重视扩大意识形态包容性和社会整合性的经验启示我们，加强社会主义意识形态建设要实现主旋律与多样性的统一。只有坚持社会主义主流意识形态的主导地位，才能巩固党对意识形态的主导权。只有坚持"尊重多样、包容多样"原则，才能不断满足人民群众多样化的精神文化需要。

（四）必须重视舆论宣传主阵地作用，努力增强意识形态工作合力

西方国家意识形态工作在政府主导下，形成了富有成效的体制机制和完善的思想教育网络，重视通过媒体、宗教等占领舆论宣传主阵地，向社会成员渗透以个人主义为核心的资本主义价值体系。我们也要充分发挥学校、社会团体、广播电视和网络等组织形式，深入把握新形势下意识形态工作的规律和特点，努力增强意识形态工作合力，不断增强社会主义意识形态在大众中的凝聚力和吸引力。

---

① 意识形态工作是党的一项极端重要的工作 [EB/OL]. （2013-08-20）[2018-05-16].http：//new. xinhuanet.com/politics/2013-08/20.

② 江泽民 . 江泽民文选：第 3 卷 [M]. 北京：人民出版社，2006：228.

二、有针对性地做好意识形态领域重点舆情监测，沉着应对意识形态领域诸多挑战

大数据时代，每天海量的舆情信息复杂多变，对社会和网络舆情信息的精准把握和科学利用，已经是摆在各级党政机关面前不可回避的课题。随着当前我国改革步入深水区，社会结构的变化和利益格局的调整不可避免，社会观念多元化情况将长期存在，在重大的思想理论问题上及时反映，对苗头性的错误思潮进行有效的亮剑批驳，有赖于相关舆情监测体系的不断完善。对境内外敌对势力花样不断翻新的价值观渗透手段必须始终保持高度警惕，准确把握和区分意识形态领域不同性质的问题，敢抓敢管、敢于亮剑，旗帜鲜明地捍卫意识形态安全。

近几年，首都各级政府的舆情监测和应对能力一直在稳步提升，近几年又突出表现在从主要注重危机爆发后的应急管理，向加强常态的智能化舆情工作机制建设转变，从灌输式宣传，向以理服人的智能化引导过渡。但是，敏感热点舆情事件还是给相关工作带来一定的压力。为此，北京市宣传部门要创造性探索一系列工作方法，针对各种错误思潮和落后思想文化的侵袭，敢于"亮剑"，主动出击。做到抓早、抓小、抓巧，早发现、早防范、早处置，把隐患消除在萌芽状态。沉着应对诸多挑战，必须在以下几个方面继续加强。

（一）"早发现"，做好敏感热点问题的相应预案

敏感热点舆情事件具有发生机制上的突发性、传播途径上的扩散性、后果控制上的难控性等特点。要密切关注社会舆情、网络舆情和境外涉华舆情，及时跟踪、了解、掌握各种社会思潮的动态动向，准确分析不同社会群体思想状况。北京要对一些敏感度较高的政策领域，如民生问题、公共安全、价格政策等，应当按照其脆弱性和敏感度，做好敏感度较高的政策领域受社会舆论冲击的相应预案，以免造成被动。

（二）"早预判"，提前预设相关议题

关注社会错误思潮，加强对意识形态领域重大问题的研究，组织首都重点高校的马克思主义理论专家，围绕通报提出的各个方面值得注意的问题，特别是对西方宪政民主、普世价值、新自由主义、历史虚无主义、质疑改革开放等错误思潮、错误观点及其变种，科学辨析、据理批驳。相关政府部门在民生政策出台前要有意识地引导公众，以缓冲社会舆论的压力。公共问题的本质是公共需求与经济社会现状之间的差距，从现状解决问题容易引发不满，而从需求角度阐释问题，则更加容易使人清醒地看待现实。

（三）"早处置"，缓冲社会舆论压力

人们思想观念日益多元化，利益诉求多样化。要着眼于化解矛盾、疏导情绪、增进认同、凝聚人心，突出做好广大工人、农民、知识分子、离退休人员、城镇流动人员、"两新"组织人员的思想政治工作，把矛盾和问题解决在基层、化解在萌芽状态。积极创新方式方法，采取面对面、互动式、分众化等方式，引导人们正确处理社会关系、表达利益诉求、维护合法权益。与此同时，在一些公共政策调整上，相关政府部门可以提前预设一些议题，引导民众多从需求角度认识问题，进而缓冲因对现实不满产生的社会舆论压力。

第二节　加强正面宣传力度，坚持党对意识形态
工作绝对领导

新时代做好首都的意识形态安全工作，要在坚持党对意识形态工作绝对领导基础上，加强社会主义核心价值观为重点内容的正面宣传力度，不断强化对重点人群的教育引导，以社会科学研究宣传管理为基础做好"意见领袖"工作。

一、强化主流意识形态的地位和作用，始终坚持党对意识形态工作的绝对领导

在当前社会转型时期，强化主流意识形态的地位和作用，必须在总结过去经验教训和深刻认识当今国际国内复杂局势的基础上，牢固树立社会主义意识形态的主导地位，切实发挥其作为旗帜和灵魂的作用。在我国，宣传思想工作的根本任务就是要巩固马克思主义在意识形态领域的指导地位，巩固全党全国人民团结奋斗的共同思想基础。2013 年 8 月 19 日，习近平总书记在全国宣传思想工作会议上的讲话指出："各级党委主要负责同志和分管领导应该旗帜鲜明地站到意识形态工作第一线，责无旁贷地承担起政治责任，决不能让领导权旁落。"[①] 当前，意识形态传播领域发生革命性变革，党对意识形态的领导权面临极大挑战，特别是随着市场化运作的逐步展开，媒体的隶属关系、投资主体发生了很大变化。过去的媒体都是行政拨款的事业单位，都纳入党委政府的管理体制，现在出现了大量市场化运作的都市类媒体，在新型媒体中民营资本、境外资本的比重不断加大，媒体与党委、政府不再是单纯的领导关系、隶属关系。在此情况下，更应该从坚持和发展中国特色社会主义的战略全局出发，始终坚持党对意识形态工作的绝对领导。

在意识形态斗争中，北京要坚定自觉地站到斗争的第一线，主动作为、积极有为，站稳政治立场、增强政治定力，做到守土有责、守土负责、守土尽责。要自觉维护中央权威，始终在思想上政治上行动上同以习近平同志为总书记的党中央保持高度一致。要自觉担负起执行和维护党的政治纪律和组织纪律的责任，特别是在涉及方向、道路、理论、制度等根本性问题上，必须立场坚定、旗帜鲜明，及时发声、敢于碰硬、敢于亮剑，引导干部群众划清是非界限。

---

① 习近平在全国宣传思想工作会议上讲话 [EB/OL]. （2013-08-20）[2018-05-16].http：//news. xinhuanet.com/photo/2013-08/20/c_125211184.htm.

（一）抓好思想理论建设

要紧紧围绕学习宣传贯彻习近平总书记系列重要讲话精神，特别是对北京工作的重要批示和视察北京重要讲话精神，组织推进学习贯彻走向深入，切实用讲话精神武装头脑、坚定信念信心，指导工作实践、推动改革发展。

（二）坚持不懈开展中国梦宣传

把中国梦的基本内涵和目标要求讲清、讲透，用中国梦这个最大公约数，广泛凝聚首都共识，引导广大市民为实现中国梦做出贡献。

（三）加大正面宣传力度

坚持团结稳定鼓劲、正面宣传为主的方针，统筹理论宣传、社会宣传、新闻宣传、文艺宣传、网络宣传、对外宣传等多种形式和载体，用共产党人的正气，用改革开放的成就，用党和政府为人民谋福祉的实事，激发全社会团结奋进的强大力量。

（四）继续探索宣传方式创新

坚持"讲好故事"，做好"看不见的宣传"。无论什么宣传主题，都自觉在具象化、故事化、人格化上下功夫。精心组织好重点文艺创作、重大文化活动、主题图书出版，推出一批精品力作。对优秀中国梦作品要给平台、上评论，利用各种媒体广泛宣传、扩大影响。坚持把"群众主体"作为动力源，让群众基于亲历亲为亲闻，讲述心中的追梦故事，使中国梦教育热在基层、热在群众，让党的声音真正成为群众的心声。

二、以社会主义核心价值观为引导，不断强化对重点人群的教育引导

在当今时代条件下，加强我国主流意识形态还必须重视传播内容和形式的结合。随着全球化背景的日益加深，西方文化扩张、传统文化复苏和市场利益

多元化日益凸显，使得我国的意识形态工作面临的冲击和压力日益增大。主流意识形态宣传内容和方式的妥当与否很大程度上决定着未来发展的生命力。一方面，主流意识形态在传播内容上要以社会主义核心价值观为引导，重视意识形态内容的生活化。西方国家之所以很少做意识形态方面的工作，就在于其价值理念已经深深地渗透在工作生活之中。另一方面，从传播形式上看，主流意识形态要重视利用新媒体手段，采用人们喜闻乐见的形式，因为"只有借助形式，内容才能获得其独一无二性"①。

北京要深入推进社会主义核心价值体系建设，重在凝魂聚气、强基固本。

（一）把建设社会主义核心价值体系作为有效抵御西方意识形态渗透、维护国家安全的重要战略举措

坚持用社会主义先进文化占领思想文化阵地，不断巩固全党全国各族人民团结奋斗的共同思想基础。坚持不懈地用中国特色社会主义理论体系武装全党、教育人民，大力开展深入学习实践科学发展观活动，引导干部群众准确把握科学发展观的重大意义、科学内涵、精神实质和根本要求，增强贯彻落实的自觉性坚定性。

（二）坚持以党委中心组、党校、政校为阵地

以干部轮训、党员冬训等为抓手，以各级领导干部为重点，推动理论学习，大力推进马克思主义中国化最新成果进教材、进课堂、进学生头脑。

（三）加强和改进基层思想政治工作

针对当前国内外经济发展的新形势、人民群众的新诉求，切实做好得人心、暖人心、稳人心的工作。要围绕下岗职工、离退休人员、大学生、农民工等重点人群，大力开展形势政策教育、民主法制教育、科技文化知识培训，开展有针对性的说服教育工作。继续实施现代农民、现代市民教育工程，开展"市民日"、邻里节、社区文化节、校园文化节、乡镇文化节等活动，丰

---

① 马尔库塞．审美之维 [M]．北京：生活・读书・新知三联书店，1989：193．

富人们的精神文化生活。

（四）加强社会舆情调查、分析和研究

要及时发现重大社会问题，及时解决社会矛盾，有效维护社会稳定。思想政治工作要坚持以人为本，把解决思想问题同解决实际问题结合起来，把宣传教育群众同切实服务群众结合起来，适应新形势，不断丰富内容、创新形式、扩大覆盖，不断增强思想政治教育的感染力、感召力。

三、以社会科学研究宣传管理为基础，做好社会和网上"意见领袖"工作

在中国这样一个发展中大国执政，必须由统一的思想意志主导社会意识形态。这就要求我们党必须继续推进马克思主义中国化、时代化和大众化，增强马克思主义意识形态的号召力和凝聚力，培养和造就一批具有深厚马克思主义造诣、能够紧跟世界潮流、创新发展马克思主义的理论大家和一支宏大的马克思主义理论队伍。

做好当前意识形态领域工作，北京要以社会科学研究宣传管理为基础，特别重视做好社会和网上"意识形态"工作。

（一）加强马克思主义基本理论的研究宣传

对马克思的科学社会主义学说的基本理论、基本观点做出符合历史唯物主义和社会发展规律的解释；对我国社会主义初级阶段的社会运动在发展过程中遇到的新情况、新问题，特别是一些新矛盾、新困难，需要进行实事求是的有说服力的理论回答；对社会不同层面特别是广大人民群众对现实问题的不解和困惑，需要进行有的放矢、通俗易懂的社会宣传。

（二）组织开展对象化、互动化、分众化的宣讲

提升"理论家走基层"、周末社区大讲堂、社科普及周等活动的质量和水

平，用"大众话语"加强理论宣传；建好用好"首都专家微博群"、理论学习手机报、"前线"微信圈等，紧跟时代潮流，密切关注经济社会生活变化，深入基层，深入群众，深入生活，深入实际，及时掌握人民群众创造的新经验，进行理论上的概括和升华。

（三）抓好哲学社科教学科研骨干研究工作

推动党的理论创新进教材、进课堂、进头脑，做好中国梦的研究阐释，发挥北京市中国特色社会主义理论体系研究中心、社科规划项目、社科理论著做出版等的带动和导向作用，充分调动首都理论界的主动性、创造性，形成中国特色社会主义理论体系的研究合力，以扎实的理论功底坚定共产主义理想信念，筑牢马克思主义思想根基。

（四）加强对社会科学宣传和管理

加强讲座论坛、报告会、研讨会、出版物和高校课堂的管理，加强对境外基金会和各种非政府组织对国内社科研究项目进行资助的监管，绝不给错误思潮、错误观点和错误言论提供传播空间和渠道。设立文化安全专项基金，灵活展开意识形态斗争。对涉及我文化安全的图谋，进行针锋相对的斗争。

（五）做好社会和网上意见领袖工作，扶持和培育表达主流价值的意见领袖

影响和团结社会名人，引导其客观、理性地发言，有助于主流话语权的建设。2014 年，中央和地方政府先后组织了"网络名人故宫行""丝绸之路万里行"等活动，起到了密切关系、消弭分歧、共同传播正能量的作用。一些民间"大V"下基层、接地气，有利于他们客观地把握国情和主流民意，理解政府公共治理的复杂性。"大V"们平时相对超然的地位，较少的预设立场，对公众的说服力更大，属于一种有待开发的新媒体资源。近年来，出现一个引人注目的现象，就是草根知识分子浮出水面。首都作为全国舆论中心和风向标，要充分重视对意见领袖的争取工作。要善于从草根中发现和扶持"正能量"的"大V"，帮

助他们提高知名度和活动能力，使他们成为引导社会舆论的先锋。

（1）要凝聚和团结大多数意见领袖。通过转变观念和创新机制，相信大多数意见领袖是可以争取的积极力量。对于意见领袖发表的客观正面言论和富有建设性观点，有关部门要坦诚相待，用他们的理性和学识配合好舆论宣传工作。

（2）要充分利用首都高校和科研机构众多、人才集中的智力优势，动员各行业专家积极介入网络舆论。通过动员首都有思想和权威的学者专家作为理性言论代言人，能够更有效地澄清错误言论，抑制和消除不良舆论影响。

（3）培养党政部门自己的意见领袖。通过创造条件，整合资源，培养一批首都党政部门、企事业单位自己的网络意见领袖，帮助他们在网络上提高知名度和活动能力，使他们成为正面引导网络舆论的"先锋官"。

第三节　重视网络舆论引导，健全首都网络文化规制体系

新时代，网络已经成为思想文化信息的集散地和社会舆论的放大器。加强新时代的意识形态安全建设要特别重视网络舆论引导，依法加强网络管理体制，健全首都网络文化规制体系，推动首都向国际一流的和谐宜居之都目标迈进。

一、以网络舆论引导为重点，推动首都"首善之区"和"人文北京"建设

中共十八大报告提出："牢牢掌握意识形态工作领导权和主导权，坚持正确导向，提高引导能力，壮大主流思想舆论。"[1]新媒体环境下网络虚拟人际关系会让人与人之间的关系异化为角色与角色之间的关系，更需要人文关怀的温暖。这一种关怀和温暖的传递也可以新媒体作为载体。网络要发挥其正确的

---

[1]　胡锦涛.胡锦涛在中国共产党第十八次全国代表大会上的报告[N].人民日报，2012-11-18(1).

舆论引导人的作用，就必须以客观、真实、准确为标准，以坚持社会主义核心价值观为导向，以广大人民群众积极投身于全面建设小康社会的伟大实践活动为重点，积极进行正面宣传，努力营造积极、健康、和谐的网络舆论环境。

深入推进舆论引导水平，重在导向正确、引导有力。

（一）加强主流网络媒体建设，强化主流媒体的权威性和公信力

中央和地方重点新闻网站是各级政府主办的自有、自主、自控的主流舆论传播平台，要大力彰显主流网站的权威性和公信力。权威性和公信力是新闻媒体在激烈的全球化传播竞争中增强舆论影响力和竞争力的基石，要以核心网站的公信力带动其他综合新闻网站的规范化，以综合新闻网站的规范化增强网络舆论的公信力和权威性。首都要增强主流网络媒体建设管理，加强网络文化建设中的先进文化价值引导作用。通过加大资金投入、加强政策扶植，对首都重点新闻网站进行支持，形成一批信誉良好、管理规范的主流网络媒体，实现对网络信息传播的监督和控制。通过加强千龙网等政府媒体、主流网站在移动互联网、无线网络、手机网络等新兴媒介中的移植和传播，加强网络文化的品牌建设和品牌扶持，用先进文化引导网络电视、网络音乐、网络文学、多媒体数据库等新兴文化产品。政府通过提高自身网络新闻宣传工作水平，建立健全适应新形势环境的首都网络新闻管理体制，努力掌握网络舆论宣传阵地的主动权，正确引导网络舆论。

（二）坚持团结稳定鼓劲、正面宣传为主，对有偿新闻、低俗新闻、虚假新闻进行有效遏制和及时整治

始终注意在政治上、政策上、热点引导和舆论监督上把好关、把好度。对党和政府的重点工作、决策部署的宣传要形成强势；对热点敏感问题的宣传要头脑清醒、政治坚定、正确分析、妥善引导；对突发事件、重大事故、重大案件的报道要按规定要求进行，做到冷热有度，把握适当；对舆论监督，要端正目的、摆正位置、把握时机、注重效果，提高公信力。要建立健全新闻发布会、

重大主题宣传协调会、新闻阅评、广播电视监听监看、图书审读等制度，积极创新新闻报道形式，加强重大主题策划，加强重大活动宣传，开展规模化、系列化、深度化的宣传报道。

（三）通过媒体融合扩大新兴媒体的舆论引导力

权威性和公信力是新闻媒体在激烈的全球化传播竞争中增强舆论影响力和竞争力的基石，要以专业媒体和核心网站的公信力带动其他"自媒体"和社会网站的规范化，以综合新闻网站的规范化增强网络舆论的公信力和权威性。首先要通过专业媒体引导"自媒体"舆论。在网络舆论中，每个网友只是新闻报道和"围观"式评论的业余队，而专业媒体（包括新闻门户网站）才是专业队。适度开放专业媒体，以专业技能和经验还原事实真相，均衡反映各利益相关方的声音，有利于对冲"自媒体"越来越大的舆论压力，引导公众客观理性地看待转型期的复杂社会问题。专业媒体要做好网络"自媒体"舆论的"把关人"。其次要通过传统媒体的产业升级拓展意识形态阵地。《人民日报》文章分析：鉴于青年一代将互联网作为获取信息的主要途径，大量社会热点在网上迅速生成、发酵、扩散，传统媒体的舆论引导能力面临挑战，互联网已经成为舆论斗争的主战场。新闻传播要从"铅与火""光与电"走向"数与网"，通过微博、微信、移动客户端、手机网站、手机报等有效引导舆论。再次要从中央部委到地方政府，推行微博、微信、微视"三微"战略，进一步兑现政务公开，提升透明度和互动性。

（四）通过搭建良性网络平台营造人文关怀的舆论环境

信息化时代，网络成为政府与公民沟通的重要渠道，我们应该以网络为平台，在与网民的良性互动中抢占舆情的主动权，宣传治理政策，获取更多的社会支持。搭建网络平台，要重视政府及其部门官方网站的建立和维护，及时利用网站平台发布信息，开设网民诉求通道，回应网民关心的各种问题，有效化解隔阂和对立情绪，在收集网络舆情上发挥自身平台的作用。政府官员和人大代表、政协委员，还可以采取鼓励开放博客、公布电子邮箱等方式，征求网民意见和监督议题，畅通网民访求渠道和网络监督通道，提升公共治理水平。

（五）加强主流意识形态网络人才队伍建设

网络是对意识形态宣传者的知识、智慧的考量，提高意识形态宣传队伍素质具有重要意义。"当今网络时代，我们要努力建设一支既具有较高的政治理论水平、熟悉思想政治工作，又了解网络文化特点，能比较有效地掌握网络技术，在网上进行思想政治教育工作的队伍。"①培养的工作队伍既要有深厚的马克思主义理论功底，又要有先进的网络技术水平和较高的网络管理水平，还要有敢于突破的精神，重视贴近群众生活的创新工作方法的运用。只有培养出一大批政治强、业务精、作风好的网络管理人才和网络评论员，才能巩固和扩大新兴舆论阵地，不断增强网上宣传的说服力、吸引力、凝聚力。

二、依法加强网络管理体制，健全首都网络文化规制体系

党的十八大报告指出："改进网络内容建设，唱响网上主旋律。加强网络社会管理，推进网络依法规范有序运行。"②党的十八届四中全会审议通过了"全面推进依法治国"的纲领性文件。面对当前网络对意识形态工作提出的新要求，依法治网是新时期依法治国的薄弱环节和工作重点之一，需要把管理者依法管网、从业者依法办网和全体网民依法上网结合起来，构建和谐的网络氛围，推动网络有序发展。

北京要做好当前意识形态领域工作，要特别重视依法加强网络管理体制，健全首都网络文化规制体系。

（一）要树立强烈的法治思维方式

随着中央提出全面依法治国的理念，法治已经成为社会热点。政府部门各

---

① 袁贵仁.扎实推进高校思想政治教育进网络工作[J].中国高等教育，2002（3）.
② 胡锦涛.胡锦涛在中国共产党第十八次全国代表大会上的报告[N].人民日报，2012-11-18(1).

项工作也要强化法治思维方式，严格依法行政。在当前环境下，如果能够严格按照法律行政，养成对当前比较突出的网络谣言、新闻诈骗等行为依法进行治理的习惯，就会促进国家主流意识形态的良性发展。

（二）国家和首都要进一步完善依法治网的立法、立规工作

目前，我国已经出台了《互联网电子公告服务管理规定》《互联网上网服务营业场所管理规定》《计算机信息网络国际联网安全保护管理办法》《互联网站从事登载新闻业务管理暂行规定》等网络法规。但与发达国家相比，我国的网络法规体系仍需要完善。2014 年 10 月，最高人民法院发布《关于审理利用信息网络侵害人身权益民事纠纷案件适用法律若干问题的规定》，在明确约束"人肉搜索"曝光个人隐私的行为之外，也提出为了公共利益且在必要范围内可免于担责。国信办 2014 年 8 月发布《即时通信工具公众信息服务发展管理暂行规定》（网友称为"微信十条"），对于服务提供者的从业资质、审核机制、权限设置和违规处罚等反面做出了具体规定，特别是要求对时政类微信公号进行严格的资质审核。在未来几年，国家和北京市要在网络安全、电子商务、个人信息保护、未成年人网络保护条例等互联网立法和执法方面加强工作。

（三）相关政府部门要加强对互联网的行政监管

在互联网发展过程中，新问题的出现和措施的制定都有一个滞后期，这就需要加强相关行政部门的监督。一方面，相关政府部门要大力开发网络主流意识形态资源，丰富网上信息传播内容，使得民众能够方便快捷地获得信息。另一方面，要坚决抑制有害信息的传播和泛滥，对网络不法行为进行有效监管。

（四）网站要当好网络信息的"把关人"，守住第一道屏障

技术手段防控能够对有害信息进行有效封堵和控制，将有害信息的影响和扩散范围降到最低。因此从管理实际出发，网站作为网络信息的"把关人"，对守住第一道屏障特别重要。如新浪微博形成了较为完善的投诉举报机制，网

上发布谣言将及时得到澄清，遭遇网络侵权能寻求权利救助。人民网举办了"善意回帖"评选活动，倡导网民理性发言，不发布"恶意回帖"。这些都为北京市其他网站提供了良好借鉴。

（五）网民要养成良好道德约束，构建良好的网络法治环境

提倡网络用户养成良好的自律自爱意识，加强全社会的互联网诚信和公德教育，形成良好的道德风气和舆论氛围，才能科学、文明、有效地利用好网络资源。如中央网信办组建后，设置"网络社会工作局"，开展对网友包括"大V"的联络，推动成立网上社会组织。通过媒介素养教育，引导网民恪守文明上网的"七条底线"，减少情绪化表达，形成和而不同的言论规范，并对网站的工作进行监督，对谣言流言和偏激声音予以抵制和斗争。这些都取得了良好的效果，也为首都的网络管理提供了借鉴。

第四节　设立政府网络发言人，积极回应首都民生关切

北京作为中国的"网都"，要充分认识网络舆论的社会影响力，重视对全国舆论生态发挥的辐射作用。近几年来，随着首都地区发展进入新阶段，出现的社会问题越来越多，通过传统反馈途径很难得到及时解决，而政府网络发言人的设立正是有关部门宣传政策，掌握舆论引导主动权，积极顺义民意诉求的体现。

一、设立政府网络发言人的现实考量

（一）有效应对首都舆情热点、积极回应民生关切的有力措施

政府网络发言人的主要功能在于主动表达政府立场、传播政务信息和回应网民对政府的意见诉求。政府通过网络发言人，对群众反映的住房、教育、医疗、环保等与生活密切相关的热点问题，可以第一时间澄清谣言，解答质疑，

化解公众的不满情绪，起到社会和谐稳定的缓冲和阀门作用，掌握舆论引导的主动权。据统计，全国绝大部分舆情热点事件的发酵都与政府没有及时回应、主动发声相关。如 2017 年的舆情态势表现为，网络中对关系民众切身利益的公共安全及政策性话题引发较多讨论，观点争论激化演变，展现出"网上造势、网下呼应"的现实破坏力，少数别有用心之人将其与意识形态问题捆绑，值得警惕。网络发言人的设立为民众舆情的上传和政府公共政策的下达提供了有效的新平台，政府可以直面问题，不断与网民沟通，敢于亮剑，旗帜鲜明地开展意识形态斗争，及时应对舆情，有效引导和化解网民的不满情绪，成为网络时代政府及时有效地进行公众议程设定和合理引导舆情的有力保障。尤其是在突发性事件发生时，网络发言人官方权威的信息能够遏制虚假信息传播，维护正常的社会秩序。

（二）妥善化解历史虚无主义、应对社会思想多元化的全新举措

当前，我国正处于决胜全面建设小康社会关键时期，随着国家各方面改革的不断深化，社会利益关系更加复杂多样，各种深层次矛盾和问题日益凸显。在这样的条件下，思潮热点事件层出不穷，涉及领域非常广泛，以历史唯物主义为代表的各种思潮相互激荡碰撞，并且经过网络传播放大，在社会上形成了不可小觑的负面影响。北京作为全国政治文化和国际交流中心，政治地位特殊，人员结构复杂，学术思想活跃，是各种思潮交流交融交锋的前沿阵地，意识形态领域维稳任务更为艰巨，挑战更为突出。社会思想多元化也更趋明显。对此，需要通过设立网络发言人及时化解各种非主流思潮影响，应对思想多元化趋向。

（三）有力促进转型时期首都公共政策科学化的内在要求

政府科学民主的公共政策有赖于广泛的民众参与支持和真实充分的民意表达，而政府网络发言人的设立体现了政府信息公开和网络问政的深入。网民作为信息的接受者和发布者，可以表达自己的观点、形成网络民意，影响社会舆

论的走向和政府的公共决策。政府可以与网民直接交流，获取民意，了解民众利益需求，并将其纳入公共政策议程，保障政策的制定和执行过程透明化、科学化。网络凝聚了一批有思想、有活力、关心城市经济社会发展的社会各界精英，网民的帖子除了提建议、诉困苦、表心声外，还就城市经济、建设、文化、社会事业等方面各抒己见，提出了一些好的意见和建议，反馈一些现行的政策执行情况，为政府科学决策提供参考。自 2008 年 12 月江苏睢宁县设立网络发言人开始，江苏、云南、广州、贵州等地方政府部门已经率先开展了网络发言人制度。平台的整体运作已经呈现制度化、规范化、长期化的特点，已经成为民智汇聚、舆论引导和舆论监督的重要阵地，成为百姓和政府间的一座"连心桥"，为首都媒体融合积累了宝贵的经验。

（四）大力建设新时代人民满意的服务型政府的直接体现

党的十九大报告提出，要转变政府职能，深化简政放权，创新监管方式，增强政府公信力和执行力，建设人民满意的服务型政府。[①]网络发言人的设立正是打造首善之区人民满意的服务型政府的直接体现。一是切实转变政府职能的体现。网络发言人作为网民和政府间的沟通桥梁，体现了政府部门适应网络社会发展形势有效进行网络问政的开放性尝试。二是创新政府监管方式的体现。网络发言人创造了一种全新的政府与网民进行沟通的策略和方式，成为提高政府工作的透明度，保障民众的知情权、参与权和监督权的新平台。三是增强政府公信力和执行力的体现。政府网络发言人代表政府与公众面对面，互为信息的传播者和接受者，为社会和群众提供服务和解决问题的广阔空间，增强了政府的公信力。可见，政府网络发言人的设立，拉近了政府与公民间的距离，成为政府与公民之间良性互动的重要载体。一方面为公民提供了便捷的政治参与渠道，激发了公民参政议政的热情，充分保障了公民的知情权和批评建议权；

---

① 习近平. 决胜全面建成小康社会夺取新时代中国特色社会主义伟大胜利——在中国共产党第十九次全国代表大会上的报告 [M]. 北京：人民出版社，2017：39.

另一方面，政府可以更直观地了解民生、民意，消除政府机构和普通民众之间的距离感。

二、在政府相关部门试点设立网络发言人

网络发言人的试点设立需要坚持先行试点、逐步推进的原则，并且要有一系列相关体制机制保障，才能确保这一制度成为党委政府宣传政策、掌握舆论主导权的有力保障和解决人民群众实际问题的问政平台。

（一）强化顶层设计，审慎确定试点单位、相关人员和基本职责

一是试点设立的单位，可首先在教育、医疗、住房等与百姓生活紧密相关的民生部门试点，然后在全市各相关部门逐步推开。

二是网络发言人可以不额外增设专门的工作人员来担任，而是由各单位的班子成员或中层领导担任。相关人员要求了解、熟悉本单位的工作，政治和业务素质过硬，掌握互联网舆论引导工作的方法与技巧。

三是明确网络发言人的基本职责。包括网上政务公开，在线受理、答复和处理网民反映问题，网上舆论引导。尤其是突发性事件舆论引导，争取在第一时间发布权威信息，澄清谣言，合理解释，使突发性事件在良性气氛中得到妥善处理。

（二）构建立体化、联动化的宣传和保障机制

政府网络发言人机制的常态化、制度化和规范化还有赖于立体化的宣传和联动化保障机制的构建。一是构建多样化、立体化的互动宣传平台。改变大多数地方政府网络发言人平台设置功能单一的缺陷，可以增设信息公开、政策导读、意见征集、热点追踪和网上办事等栏目，以全方位、立体化实施网络问政和开展宣传活动。二是建议成立由市委主要领导同志兼任的市网络文化建设与管理领导小组。市委宣传部、市网管办、新闻出版局、公安局等相关部门要互相沟通、鼎力配合。民众通过网络平台所表达的利益诉求，往往需要

各部门相互沟通、配合去解决。三是建立网络发言人培训制度。为了进一步提高网络发言人队伍的专业化、职业化水平，打造一支有较高素养和能力的网络发言人队伍，将来应该逐步引进新闻媒体专业的毕业生加以培养，为专业的新闻工作者转行到政府当网络发言人创造条件，并进一步加强网络发言人制度与实践的研究工作，使政府网络发言人制度真正成为政府政务信息公开的有力保障。

（三）强化绩效考评机制，确保工作实效

为保证网络发言人工作平台高效运作，完善网络发言人的绩效考评细则，通过细化和量化的考评要求，确保网络发言人的工作实效。一是对回复办理情况进行不定期跟踪，对重要问政帖以《涉京舆情快报》的形式，呈报市主要领导阅示，并交由具体承办单位办理。二是建立舆情处置工作通报制度，每月通报网络新闻发言人平台留言办理情况，对办理成效显著的单位点名表扬，对重视程度不够、工作不规范、办理不及时、拖拉推诿的情况点名批评，督促改进。三是将网络问政工作纳入各单位年度工作目标绩效考评，并于每年年初，根据上年度的部门回帖量及时调整公布各网络发言人部门对应的考核细则类别。结合各部门网络问政工作实际，以较强的针对性提升考评制度的匹配度和精准度。

（四）通过培育政府网络意见领袖，形成良好的舆情氛围和网络生态

互联网上各种信息鱼龙混杂，网友在接受信息时，会倾向于接受那些集专业性和权威性于一身的意见领袖们的观点。因此，网络发言人制度要想取得实效，就需要培养一股正面、理性的声音，起到激浊扬清的社会效果，而这股声音的主导者就是网络意见领袖。

一是培育权威官方舆论场。党报党刊等官方媒体必须视微时代舆论流向的多元、分化的现实，主动放低身段，站在群众与社会的视角来思考问题，把握角度；要改变官方媒体的报道方式与叙述模式，用平易近人的声音讲述公众的

喜怒哀乐。发挥官方媒体的主场优势，提升对重大突发事件的信息收集与研判能力，抢夺信息首发权。主动核实关键信息，引导社会舆论，不给负面势力可乘之机。

二是争取民间意见领袖的支持。网络发言人要通过恰当的方式与他们进行沟通，将舆情事件涉及的客观情况以及处置思路和措施告诉他们，争取他们的理解和支持。运用多种手段，对民间意见领袖进行有效引导，降低网上噪声分贝。通过定期开展"走进职能部门"、与网民面对面等活动，拉近政府与网民的距离。

三是培养党政部门自己的意见领袖。可通过在首都一些管理意识形态、文化建设部门先行试点，培养一批首都党政部门、企事业单位自己的网络意见领袖，帮助他们在网络上提高知名度和活动能力，使他们成为正面引导网络舆论的"先锋官"。

政府网络发言人的设立创造了一种政府和公众对话沟通的新模式，对于引导舆论、化解矛盾、拉近政府和民众之间的距离起到积极的作用。新媒体条件下首都政治文明建设必须有所突破。通过整合网络各种思想文化资源，引导和把握主流方向，从而调整和平衡多样化社会利益关系，把全市人民的智慧和力量凝聚到建设国际一流的和谐宜居之中。

新形势下加强首都意识形态工作是建设首都社会主义精神文明的重要环节。北京建设国际一流的和谐宜居之都是一个长期过程，需要社会主义主流意识形态的引导。加强新媒体条件下首都的精神文明建设不能简单地重复过去的老方法、老模式，必须有所突破，以适应经济全球化发展的要求。因此，认清新媒体条件下首都意识形态工作的新情况、新问题，针对影响首都意识形态工作现状采取相应的政策，才能将首都建设成为传播中国社会主义先进文化的新途径、公共文化服务的新平台和人们健康精神文化生活的新空间。

第五节　重视新时代意识形态生活化建设，构建主动型防护机制

日常生活化是意识形态存在和发展的基础。长期以来，我国在意识形态日常生活化方面自发或自觉积累了一些经验，但在一定程度上或一定范围内仍存在价值多元化对主流意识形态的消解，国家意识形态与民间意识形态的张力，信息化时代对意识形态的严重冲击，西方意识形态渗透手段的隐蔽化等问题。为此应当从人民性的价值导向、通俗化的话语表达、大众化的传播路径、主动型的防护机制等方面接续推进意识形态日常生活化。

一、新时代我国意识形态日常生活化建设面临的形势和主要问题

新时代我国意识形态日常生活化建设依然面临着严峻的形势，存在一系列不可忽视的问题。虽然，当代中国的意识形态日常生活化概念提出的时间并不长，但这一过程在党的意识形态工作中有着较长的历史传统，并积累了一些经验，如突出主体自觉、强化时代阐释、重视群众关切等。中国特色社会主义进入新时代，我们面临的世情、国情、党情呈现出新特点，尤其是信息化时代传播介质日益多样化、技术化，给意识形态日常生活化的理论、机制、方法都造成了严重冲击。

（一）价值多元化对主流意识形态的消解

当今中国价值多元化趋势冲击了主流意识形态的领导地位。随着中国改革开放的深入发展，经济结构、社会结构发生深刻变动，不仅带来了利益多元化，还出现了文化多样化、价值多元化。从根本上来讲，多元化取向出现的基础就是利益的多元分化，正如马克思指出，"'思想'一旦离开'利益'，就一定会使自己出丑"。[①] 经济层面的分化渗透到思想文化领域，这种趋势在经济方

---

① 马克思，恩格斯. 马克思恩格斯文集：第 1 卷 [M]. 中共中央马克思恩格斯列宁斯大林著作编译局，译. 北京：人民出版社，2009：14.

面造成了物质主义、消费主义的出现，在思想层面使得各种思潮纷乱杂陈，不仅冲击了政治生态，还消解了主流意识形态的吸引力，使得少数群众产生了思想困惑。正如习近平总书记指出，"当今时代，社会思想观念和价值取向日趋活跃，主流的和非主流的同时并存，先进的和落后的相互交织，社会思潮纷纭激荡"。① 他还进一步将思想舆论领域划分为"三个地带"，分别为作为主阵地的红色地带，作为负面思潮阵地的黑色地带和作为中间成分的灰色地带。这一方面指出了当下意识形态斗争的激烈性，另一方面也提出了应对价值多元化的战略举措。价值多元化是对现实发展的一种反应，同时更应该注意价值观念的相对独立性和价值引导性，才能有效应对价值多元化对主流意识形态的消解。

（二）国家意识形态与民间意识形态的衔接和转化

国家意识形态与民间意识形态的衔接和转化直接影响到意识形态日常生活化的效度。长期以来，我国的意识形态日常化建设取得了一定成效。意识形态日常生活化是群众路线在意识形态领域的运用，也是巩固马克思主义在意识形态领域领导权的必然要求，从本质上反映了马克思主义的人民性品质。但国家意识形态与民间意识形态在衔接和转化上还要加强，以利于群众对理论的掌握。因此，转化问题至关重要，通过话语、媒介和方式的转化实现二者的融通关系到意识形态认同的效度。

（三）互联网快速发展对意识形态造成一定冲击

网络时代对意识形态领导权提出严峻挑战。一方面是来自传播环境深刻变化的挑战。网络时代信息获取渠道更为多样，加之网络媒介时效度强、传播力大、互动性强、覆盖面广等特点，意识形态日常生活化不仅有技术整合力不足，话语转换不及时等问题，还有大众文化普遍娱乐化等造成的冲击。另一方面是来自西方意识形态渗透的挑战。西方借助互联网技术优势以更加隐蔽的形式进行文化传播，尤其是通过传播西方生活方式对人们的思维方式、

---

① 习近平. 习近平谈治国理政 [M]. 北京：外文出版社，2014：165.

价值取向进行影响，这对我国主流意识形态的冲击力不言而喻。正如马克思指出："如果从观念上来考察，那么一定的意识形式的解体足以使整个时代覆灭。"① 虽然当前信息化是鲜明的时代特征和必然的历史趋势，作为一种工具并不具有价值属性，但是当信息手段作为意识形态的传播载体时，则兼具了价值性和工具性。网络时代，意识形态日常生活建设，不仅要应对西方通过互联网等媒介进行的意识形态渗透，还要不断创新手段、机制，增强新意识形态日常生活化建设的成效。

（四）西方意识形态渗透形式手段的隐蔽化

改革开放四十年来，随着我国社会主义市场经济向纵深发展，人们的日常生活呈现物化趋向。这种物化趋向不仅在人们的思想观念、精神生活、道德意识中造成了混乱，而且造成人们对主流意识形态的抵触、疏远甚至敌视，这就给西方意识形态渗透提供了可乘之机。加之主流意识形态对人民群众日常密切关心的利益问题阐释力和建构性不足，在一定范围内、一定程度上造成了主流意识形态在日常生活领域的缺位或失声。而西方国家在通过消费主义、娱乐主义等来淡化、消解以达到去意识形态化方面，有着丰富的经验和明显的技术优势。② 消费主义和娱乐主义通过各种传播媒介将各种价值观念、生活方式等推销给大众，由于往往以物化或娱乐化的形式呈现，其中的意识形态属性往往容易被遮蔽。这种价值观的输出与信息化、网络化紧密结合，传播面、影响力和渗透性远远超过传统的意识形态传播手段。西方国家的价值输出本质上是一种攻击型渗透：一方面，进行主动的价值观宣传；另一方面，通过各种符号化、娱乐化的事物消解主流意识形态，并通过新媒体等手段放大个体事件的负面效应，达到解构党的执政合法性的目的。这些都对我国的主流意识形态日常生活化建设提出了严峻挑战。

---

① 马克思，恩格斯. 马克思恩格斯文集：第 8 卷 [M]. 中共中央马克思恩格斯列宁斯大林著作编译局，译. 北京：人民出版社，2009：14.

② 揭晓. 论马克思主义意识形态大众化传播的日常生活维度 [J]. 教学与研究，2015（6）.

二、新时代意识形态日常生活化建设的创新路径

"一种价值观要真正发挥作用，必须融入社会生活，让人们在实践中感知它、领悟它。要注意把我们所提倡的与人们日常生活紧密联系起来，在落细、落小、落实上下功夫。"[①] 推进新时代意识形态日常生活化建设，应将党的优良传统和域外经验作为借鉴的重要资源，进行深度整合与运用。在意识形态建设中既要坚持原则性，也要注重灵活性，在"四个自信"的基础上推进对外话语体系建构，增强理论、价值、话语、技术的整合力，形成意识形态日常生活化的良性系统。为此，要坚持人民性的价值导向，推广通俗化的话语表达，形成大众化的传播路径，构建主动型的防护机制。

（一）人民性的价值导向

一是坚持"以人民为中心"的价值取向，体现马克思主义及其中国化成果的鲜明人民性。在信息爆炸的时代，要坚持灌输与说服方式的结合，避免单纯灌输的匮乏性、枯燥性、单调性，要将中国特色社会主义道路、理论、制度、文化的合理性以人民喜闻乐见的形式加以呈现。合理性是科学性与价值性的统一，展现合理性，一方面要不断增强理论的阐释力、解释力和分析力，以人民信服的方式进行阐释和建构，实现人民的价值认同；另一方面要不断增强人民性现实基础，完善利益表达机制、诉求回应机制和利益整合机制，其结合点就是不断增强获得感、幸福感、安全感，不断满足人民对美好生活的需要，实现人民的利益认同。

二是坚持人民性的价值导向，要坚持理论创新、制度创新、实践创新与文化创新的辩证统一。马克思主义不仅具有宝贵的人民性，还具有鲜明的时代性和开放性的特征。从本质上来讲，人民性是时代性和开放性的价值回归，时代性与开放性则是人民性的时代表现。要更好地实现人民性的价值导向，必然要

① 习近平.把培育和弘扬社会主义核心价值观作为凝魂聚气强基固本的基础工程[N].人民日报，2014-06-30（1）.

求立足不断变化的世情、国情、党情，把握意识形态工作格局与形势；从社会主要矛盾转化的角度，深入分析满足人民美好生活需要的制度机制等。经过改革开放四十年的深入发展，中国特色社会主义的制度优势得以充分彰显。如何将发展的巨大成就和制度的独特优势转化为话语优势，就需要从理论创新与文化创新的层面，从人民视角解读中国经验，以人民性的价值取向系统认知创新的不同维度，以进一步凝聚群众，增强战略定力。

三是坚持人民性是在科学性基础上的价值性表现，对于不同的民意诉求要进行科学分析。一是"对建设性意见要及时吸纳，对困难要及时帮助"。人民性的制度安排和政策制定不仅是顶层设计的结果，也需要丰富的基层探索和人民群众的智慧贡献。为此要及时广泛吸取基层探索经验，以为顶层设计提供丰富资源。利益关怀是价值认同的重要基础，要坚持共建共治共享，更加注重社会公平，在精准扶贫、精准脱贫中兼顾相对弱势群体。二是"对不了解情况的要及时宣介，对模糊认识要及时廓清"。为此，要发挥基层党组织的战斗堡垒作用和党员的先锋模范作用，将党内教育的积极效果转化为政治社会化的资源，形成党内外的良性互动。三是"对怨气怨言要及时化解，对错误看法要及时引导和纠正"。①信息化时代新媒体传播迅速、交互广泛，对于一些错误认识容易造成以讹传讹，加之西方介入舆论，对于公共安全事件容易产生盲信盲从现象，为此要增强新媒体的利用能力和整合能力，及时消除错误认识，塑造良好舆论环境。

（二）通俗化的话语表达

一是不断根据世情、国情、党情的变化推进话语转换，以增强马克思主义意识形态在日常生活中的亲和力。体现时代性，要求不简单套用原有的意识形态话语，对具体的话语表达进行具体分析，要不断根据时代特征和发展实际赋予其鲜明的时代特色；体现通俗性，要发扬优良传统，保持大众化取向，以通

---

① 习近平. 习近平谈治国理政 [M]. 北京：外文出版社，2017：336.

俗易懂、喜闻乐见的话语阐释新思想、解读新成就、发出新号召；体现回应性，要善于捕捉话语新表达，深入探索话语变迁规律，推进政治性话语与生活性话语的融合和政策话语与大众话语的交融。

二是话语转换的成效要以人民的满意度作为衡量标准，以增强意识形态传播的实效性。我们不仅将"'人民拥护不拥护''人民赞成不赞成''人民高兴不高兴''人民答应不答应'作为制定各项方针政策的出发点和归宿"[1]，也应当将其作为思想理念传播、话语表达转换的重要尺度。不仅要将马克思主义人民性的价值转化为现实的实践，还要增强宣传话语的通俗性、大众性，不断根据时代变化，以人们更容易接受和认同的方式，将人民性的价值取向以更具传播力和认同性的话语加以阐释。[2] 这有助于增强主流意识形态的吸引力，还有助于提高人们对党的路线、方针、政策的认知，形成落实国家战略和发展方针的自觉。

三是要发挥中华优秀传统文化的独特优势，尤其是儒家文化作为意识形态日常生活化的重要资源。传统文化对人们的影响具有深刻的潜在性、内在性、持久性，已经成为民族的文化基因，往往是"日用而不知"，起到触机而发的作用。为此，应当进一步推动中华优秀传统文化的创造性转化和创新性发展，为意识形态日常生活化提供话语资源和民族智慧。当然，对待优秀传统文化不能简单搬用，要紧密结合中国发展实际，并将其与革命文化、社会主义先进文化融合整合，进行时代化再创造，使得传统文化成为意识形态话语建构的宝贵资源。

（三）大众化的传播路径

一是要充分认识到信息化时代对意识形态日常生活化的深刻影响。互联网直接影响人们的求知方式、思维习惯、价值取向，对大众化产生了结构性影响。

---

[1]　中共中央文献研究室 . 十四大以来重要文献选编：上 [M]. 北京：人民出版社，1996：450-451.

[2]　吴学琴 . 日常生活的意识形态分析及其认同 [J]. 马克思主义研究，2009（3）.

信息化时代不仅创新了意识形态工作机制，同时也由于物化、娱乐化等趋势造成了对主流意识形态的疏远甚至消解。当前，通过互联网尤其是新媒体手段对人们的日常生活施加意识形态化影响，已经成为西方意识形态工作的重要方式。为此，我们不仅要坚持意识形态工作的一惯性，还要不断增强掌握大众化传播工具和手段的能力，实现内容创新与形式创新的融合。

二是要转变信息化时代意识形态工作的思路。"互联网是当前宣传思想工作的主阵地"。从统一战线的层面转换意识形态工作的思路，将"包括新媒体从业人员和网络'意见领袖'在内的网络人士"中的"代表性人士纳入统战工作视野，建立经常性联系渠道，加强线上互动、线下沟通，引导其政治观点，增进其政治认同"，① 不仅要创新意识形态日常生活化传播的传播路径，也要以开放性心态扩大意识形态传播的主体，并借助新媒体等网络化载体增强传播力。要切实增强意识形态的吸引力、影响力、感召力，必须推动意识形态向日常生活领域延伸，以更加潜移默化的方式施加影响。

三要增强意识形态的回应性，实现传播路径的大众化。信息时代新媒体增强了人们思想活动的自主性、差异性、多样性，要增强意识形态的回应针对性，就"要适应分众化、差异化传播趋势，加快构建舆论引导新格局"。② 为此，要充分发挥大数据分析、云计算等新技术手段，加强对大众文化传播路径、民意诉求迁移、舆情变动形势的分析。良好的舆论环境是改革发展的"推进器"，是社会进步的"黏合剂"，通过意识形态日常生活化不仅有助于建构"价值共同体"，而且有助于增强执政的科学化水平。

（四）主动型的防护机制

一是要创新意识形态的工作机制。意识形态日常生活化的向度不仅指向国内人民，还指向国外受众。不仅要被动应对西方意识形态的渗透，还要坚定"四个自信"建构起主动型的意识形态防护机制和对外话语体系。长期以来，

---

① 习近平. 习近平谈治国理政：第 2 卷 [M]. 北京：外文出版社，2017：325.

② 习近平. 习近平谈治国理政：第 2 卷 [M]. 北京：外文出版社，2017：333.

我们对于西方的意识形态渗透和舆论攻击，主要采取防御型自我辩护的方式，往往处于被动的地位。并且由于西方舆论宣传手段多样化等特点，这种自我辩护有时会疲于应对，处于被牵制的状态，或者在某些问题方面出现失声现象。随着中国特色社会主义优越性的日益凸显，我们更应该采取主动型的意识形态工作机制，以更加自信的状态阐释中国特色社会主义道路的合理性和价值性。

二是要认识到意识形态斗争综合国力竞争中的特殊地位。不仅要看到当前各国综合国力之间的竞争，还要看到意识形态的斗争。西方对我国进行意识形态渗透，不仅从政治、经济、文化及公共事务等非日常生活领域进行，还通过嵌入大众的日常生活文化中进行意识形态的隐蔽性渗透。要积极应对西方意识形态的渗透，尤其是要通过增强理论的彻底性、话语的说服力和理念的传播面，解构"中国威胁论""中国崩溃论""中国责任论"等论调，并抵消西方意识形态日常生活化的渗透对我国意识形态领导权的冲击。

三是要善于将中国特色社会主义的优势转化为话语优势。改革开放四十年充分证明了中国特色社会主义的科学性和优越性，要善于将制度优势、发展优势、文化优势等转化为话语优势。同时，还要传播好中国声音，讲述好中国故事，尤其将中国智慧、中国方案、中国价值以受众能够接受的方式进行传播，"加强国际传播能力建设，增强国际话语权"，[1] 真正建构起具有亲和力，国外受众听得到、听得懂、听得进的对外话语体系。要增强统筹国内和国际两个大局与整合国内和国际两种资源的能力，以新文明形态呈现的中国特色社会主义不仅要在"中国特色"中发展科学社会主义，还要为人类难题、世界问题、全球困境的解决和突破贡献独特价值。

随着中国特色社会主义进入新时代，意识形态建设仍然是党和国家的一项极端重要的任务。改革开放四十年来，我们积累了意识形态日常生活化方面的诸多经验，并在积极应对西方资本主义国家意识形态渗透的过程中，吸取了一

---

① 习近平. 习近平谈治国理政：第 2 卷 [M]. 北京：外文出版社，2017：334.

些可资借鉴的机制方法等,这些都成为我们进一步提升意识形态日常生活化时、度、效的重要资源。面对大发展大变革大调整的世界局势,我们要在提升资源整合能力的基础上,不断以改革创新的精神探索意识形态日常生活化的中国方案,总结中国经验,发展中国道路。

参考文献

[1] 石中英. 论国家文化安全 [J]. 北京师范大学学报（社会科学版），2004（3）.

[2] 黄建明，杜阿奇. 积极构建我国意识形态安全体系 [J]. 湖北行政学院学报，2005（4）.

[3] 严高鸿，杜永吉. 社会主义的科学精神与价值原则——论邓小平的意识形态建设思想 [J]. 毛泽东邓小平理论研究，2004（8）.

[4] 朱兆中. 政党的执政资源与执政成本初探 [J]. 上海行政学院学报，2003（4）.

[5] 王永贵. 新时期中国共产党维护和保持社会稳定的基本经验 [J]. 社会主义研究，2005（4）.

[6] 杨立英. 中国共产党意识形态"高势位"建设的成功经验与当代挑战 [J]. 马克思主义与现实，2011（3）.

[7] 杨文华. 当代中国主流意识形态面临的挑战 [J]. 科学对社会的影响，2008（2）.

[8] 王岩，茅晓嵩. "意识形态终结论"批判与我国意识形态安全 [J]. 政治学研究，2009（5）.

[9] 周国平. 信息化条件下的意识形态安全策略 [J]. 党建研究，2010（6）.

[10] 米勒. 布莱克维尔政治学百科全书 [M]. 北京：中国政法大学出版社，1985：237.

[11] 迪维尔热. 政治社会学：政治学要素 [M]. 北京：东方出版社，2002：19.

[12] 阿尔都塞. 保卫马克思 [M]. 北京：商务印书馆，1984：51.

[13] 柯尔施. 马克思主义和哲学 [M]. 王南湜，等，译. 重庆：重庆出版社，1989：43.

[14] 亨廷顿. 文明的冲突与世界秩序的重建 [M]. 北京：新华出版社，2010：178.

[15] 马克思，恩格斯，等. 马克思恩格斯全集：第 3 卷 [M]. 中共中央马克思恩格斯列宁斯大林著作编译局，译. 北京：人民出版社，2002：34.

[16] 布留尔. 原始思维 [M]. 丁由，译. 北京：商务印书馆，1985：16.

[17] HAHN E.Ideologie[M].Frankfurt：Campus Verlag，1975：126.

[18] KLAUS G.Marxistisch-Leninistisches woerterbuch der philosophie：Band 2[M].Leipzig：
　　　Enzyklopaedie Verlag，1977：546.

[19] LUPZ P C.Ideologiebegriff und marxistische theorie[M].Westdentscher Verlag，1977：20.

[20] 刘建军 . "意识形态" 概念考辨 [J]. 教学与研究，1993（5）.

[21] 马克思，恩格斯 . 马克思恩格斯选集：第 1 卷 [M]. 中共中央马克思恩格斯列宁斯大林著
　　　作编译局，译 . 北京：人民出版社，1995：11，72，98，118，178，180.

[22] 马克思，恩格斯 . 马克思恩格斯选集：第 2 卷 [M]. 中共中央马克思恩格斯列宁斯大林著
　　　作编译局，译 . 北京：人民出版社，1995：32.

[23] 李辽宁 . 当代中国思想政治教育意识形态功能研究 [M]. 武汉：武汉大学出版社，2006：
　　　41.

[24] 葛兰西 . 狱中札记 [M]. 北京：中国社会科学出版社，2000：83.

[25] 卢卡奇 . 历史与阶级意识 [M]. 北京：商务印书馆，1998：313.

[26] 刘跃进 . 国家安全学 [M]. 北京：中国政法大学出版社，2004：34.

[27] 哈贝马斯 . 重建历史唯物主义 [M]. 郭官义，译 . 北京：社会科学文献出版社，2000：
　　　264.

[28] 毛泽东 . 毛泽东选集：第 2 卷 [M]. 中共中央文献研究室，编 . 北京：人民出版社，
　　　1991：663，706.

[29] 燕继荣 . 政治学十五讲 [M]. 北京：北京大学出版社，2004：145.

[30] 宋惠昌 . 当代意识形态研究 [M]. 北京：中共中央党校出版社，1993：24

[31] 诺思 . 经济史中的结构与变迁 [M]. 陈郁，罗华平，等，译 . 上海：上海人民出版社，
　　　1994：180.

[32] 习近平 . 胸怀大局把握大势着眼大事，努力把宣传思想工作做得更好 [N]. 人民日报，
　　　2013-08-21（1）.

[33] 中国共产党第十八次全国代表大会文件汇编 [M]. 北京：人民出版社，2012：29.

[34] 邓小平 . 邓小平文选：第 2 卷 [M]. 北京：人民出版社，1993：110，143，171，173，
　　　191，257，342.

[35] 黄清吉 . 儒学国家意识形态化的成因探析 [J]. 湖北社会科学，2004（1）.

[36] 金观涛，刘青峰 . 兴盛与危机——论中国社会超稳定结构 [M]. 香港：香港中文大学出版社，2003：242.

[37] 蔡尚思 . 中国传统思想总批判（附补编）[M]. 上海：上海古籍出版社，2006：16-17.

[38] 赵兴彬 . 汉武帝"罢黜百家，独尊儒术"辨正 [J]. 历史教学问题，1996（3）.

[39] 王子今 . 中国古代的意识形态管理 [J]. 政治学研究，1988（2）.

[40] 班固 . 汉书·董仲舒传 [M]. 郑州：中州古籍出版社，1991：415.

[41] 马克思，恩格斯 . 马克思恩格斯全集：第 3 卷 [M]. 中共中央马克思恩格斯列宁斯大林著作编译局，译 . 北京：人民出版社，2002：544.

[42] 中共中央文献研究室，中共湖南省《毛泽东早期文稿》编辑组 . 毛泽东早期文稿 [M]. 长沙：湖南出版社，1990：554.

[43] 逄先知 . 毛泽东年谱：上 [M]. 北京：人民出版社，中央文献出版社，1993：74.

[44] 毛泽东 . 抗美援朝运动的政治任务 [N]. 人民日报，1950-11-01（1）.

[45] 毛泽东 . 建国以来毛泽东文稿：第 3 册 [M]. 北京：中央文献出版社，1989：361.

[46] 毛泽东 . 毛泽东文集：第 6 卷 [M]. 中共中央文献研究室，编 . 北京：人民出版社，1999：74，154.

[47] 毛泽东 . 毛泽东文集：第 7 卷 [M]. 中共中央文献研究室，编 . 北京：人民出版社，1999：157，243.

[48] 毛泽东 . 毛泽东文集：第 8 卷 [M]. 中共中央文献研究室，编 . 北京：人民出版社，1999：124.

[49] 毛泽东 . 毛泽东文集：第 2 卷 [M]. 中共中央文献研究室，编 . 北京：人民出版社，1999：435.

[50] 中共中央文献研究室 . 三中全会以来重要文献选编：上册 [M]. 北京：中央文献出版社，2011：385.

[51] 邓小平 . 邓小平文选：第 3 卷 [M]. 北京：人民出版社，1993：290，311，367.

[52] 江泽民 . 江泽民文选：第 1 卷 [M]. 北京：人民出版社，2006：160.

[53] 江泽民 . 江泽民文选：第 3 卷 [M]. 北京：人民出版社，2006：74，197，199，224，227，228.

[54] 江泽民 . 论"三个代表"[M]. 北京：中央文献出版社，2001：157-158.

[55] 胡锦涛.在新时期保持共产党员先进性专题报告的讲话 [N].人民日报,2005-01-14（1）.

[56] 胡锦涛.在中国共产党第十七次全国代表大会上的报告 [N].人民日报,2007-10-25（1）.

[57] 中共中央文献研究室.十六大以来中央重要文献选编：下 [M].北京：中央文献出版社，
     2008：684-685.

[58] 中共中央文献研究室.十六大以来中央重要文献选编：中 [M].北京：中央文献出版社，
     2006：158.

[59] 中共中央文献研究室.十七大以来重要文献选编：上 [M].北京：中央文献出版社，
     2009：655

[60] 习近平.习近平谈治国理政 [M].北京：外文出版社,2014:13,153-155,162,165,
     325,333-334,336.

[61] 本报评估员.构建全党动手的大宣传格局 [N].人民日报,2013-09-01（1）.

[62] 本报评估员.弘扬主旋律传播正能量 [N].人民日报,2013-08-28（1）.

[63] 习近平.习近平总书记在文艺工作座谈会上的重要讲话学习读本 [M].北京：学习出版社,
     2015：28.

[64] 赵康太.试论美国思想政治教育的社会化、具象化和实践化路径 [J].思想理论教育导刊,
     2007（4）.

[65] 傅安洲,彭涛,阮一帆.当代德国政治教育理论体系探析 [J].比较教育研究,2007（5）.

[66] 阮一帆,傅安洲.德国政治教育国家资源体系及其对我国思想政治工作的启示 [J].黑龙
     江高教研究,2007（10）.

[67] 游敏惠,余惠琼.美国高校学生事务管理研究综述 [J].重庆邮电大学学报（社会科学版）,
     2008（1）.

[68] 吕新云,张社强.美国、德国学校政治教育比较及借鉴 [J].思想教育研究,2009（81）.

[69] 户可英,胡万钦.德国和日本大学生意识形态教育探析 [J].黑龙江高教研究,2013（12）.

[70] 唐斯.民主的经济理论 [M].上海：上海人民出版社,2010：84-85.

[71] 沈丹.从政党政治看欧洲社会民主党的意识形态右转——以英国工党、法国社会党、德
     国社会民主党为例 [J].社会主义研究,2013（3）.

[72] 施雪华.论西方政党体制内外组织结构的相互关系 [J].浙江社会科学,1998（2）.

[73] 徐锋.社会运动、政策议程与西方政党政治的新变迁 [J].马克思主义与现实,2011（6）.

[74] 余源培．新媒体与意识形态建设 [J]．河北学刊，2013（1）．

[75] 石国亮．西方国家对青年和青年组织意识形态渗透的手段研究 [J]．中国青年政治学院学报，2007（6）．

[76] 王瑜．互联网对西方政党政治的影响 [J]．中国党政干部论坛，2005（8）．

[77] 孟迎辉，邓泉国．西方发达国家意识形态工作的隐蔽性 [J]．求是，2010（13）．

[78] 侯惠勤．我国意识形态建设的第二次战略性飞跃 [J]．马克思主义研究，2008（7）．

[79] 中共中央办公厅印发《关于培育和践行社会主义核心价值观的意见》[EB/OL]．（2013−12−23）[2018−05−19].http://news.xinhuanet.com/politics/2013−12/23/c_118674689.htm.

[80] 陈锡喜．当前意识形态工作面临的矛盾和加强意识形态工作思路的探索 [J]．毛泽东邓小平理论研究，2005（5）．

[81] 万明钢．论公民教育 [J]．教育研究，2003（9）．

[82] 列宁．列宁全集：第43卷 [M]．中共中央马克思恩格斯列宁斯大林著作编译局，译．北京：人民出版社，1995：368，371．

[83] 斯大林．斯大林选集：上卷 [M]．中共中央马克思恩格斯列宁斯大林著作编译局，译．北京：人民出版社，1979：459，461，479．

[84] 王伟光．社会主义通史 [M]．北京：人民出版社，2011：162．

[85] 列宁．列宁全集：第42卷 [M]．中共中央马克思恩格斯列宁斯大林著作编译局，译．北京：人民出版社，1995：194−195．

[86] 李萍．当代国外社会主义意识形态发展导论 [M]．北京：人民出版社，2010：50，90，96．

[87] 周向军，徐艳玲，高奇．走进社会主义殿堂 [M]．济南：山东大学出版社，2009：299，306．

[88] 顾海良．马克思主义发展史 [M]．北京：中国人民大学出版社，2015：532．

[89] 叶庆丰，白平浩．社会主义发展史纲 [M]．北京：中共中央党校出版社，2011：265．

[90] 中共中央文献研究室．习近平关于全面建成小康社会论述摘编 [M]．北京：中央文献出版社，2016：103．

[91] 马克思，恩格斯．马克思恩格斯文集：第2卷 [M]．中共中央马克思恩格斯列宁斯大林著作编译局，译．北京：人民出版社，2009：14．

[92] 马克思, 恩格斯. 马克思恩格斯选集: 第 1 卷 [M]. 中共中央马克思恩格斯列宁斯大林著作编译局, 译. 北京: 人民出版社, 2012: 413.

[93] 习近平. 在纪念马克思诞辰 200 周年大会上的讲话 [M]. 北京: 人民出版社, 2018: 8, 17.

[94] 邓小平. 邓小平文选: 第 1 卷 [M]. 北京: 人民出版社, 1994: 257.

[95] 中共中央党史和文献研究院. 十八大以来重要文献选编: 上 [M]. 北京: 中央文献出版社, 2014: 80.

[96] 侯惠勤. 马克思的意识形态批判与当代中国 [M]. 北京: 中国社会科学出版社, 2010: 648.

[97] 武晟. 意识形态与文化的互动关系探微 [J]. 学术研究, 2009 (6).

[98] 卢新德. 文化软实力建设与维护我国意识形态安全 [J]. 山东大学学报 (哲学社会科学版), 2010 (3).

[99] 陶鹏. 网络监督面临的实践困境与化解路径 [J]. 庆理工大学学报 (社会科学版), 2014 (4).

[100] 萨伊德. 文化与帝国主义 [J]. 谢少波, 译. 马克思主义与现实, 1999 (4).

[101] 宫承波. 新媒体概论 [M]. 北京: 中国广播电视出版社, 2009: 4.

[102] 李宏, 李民. 传媒政治 [M]. 北京: 中国传媒大学出版社, 2006: 81-82.

[103] 王爱萍. 中国网络媒介的主流意识形态建设研究 [M]. 北京: 人民出版社, 2014: 51.

[104] 郭明飞. 网络发展与我国意识形态安全 [M]. 北京: 中国社会科学出版社, 2009: 107, 113.

[105] 中共中央关于全面深化改革若干重大问题的决定 [M]. 北京: 人民出版社, 2013.

[106] 中国互联网络发展中心. 中国互联网络发展状况统计报告 [EB/OL]. (2016-01-22) [2018-05-14].http://www.cnnic.net.cn/hlwfzyj/hlwxzbg/201601/P020160124469130059846. pdf.

[107] 梁庆婷. 大众传媒的思想政治教育功能研究 [M]. 成都: 电子科技大学出版社, 2012: 222.

[108] 张春华. 网络舆情社会学的阐释 [M]. 北京: 社会科学文献出版社, 2012: 161.

[109] 欧阳友权. 网络文化的意识形态批判 [J]. 中国图书评论, 2007 (6): 72.

[110] 哈贝马斯. 作为 "意识形态" 的技术与科学 [M]. 上海: 学林出版社, 1999: 108.

[111] 任志锋 . 当代中国社会主义意识形态主导性研究 [M]. 北京: 中国书籍出版社, 2015(217).

[112] 黑格尔 . 法哲学原理 [M]. 北京: 商务印书馆, 1979: 333.

[113] 习近平 . 在中国共产党第十九次全国代表大会上的报告 [M]. 北京: 人民出版社, 2017: 18.

[114] 吴兆雪, 叶政 . 利益分化格局下我国主流意识形态建设研究 [M]. 合肥: 合肥工业大学出版社, 2015: 128, 130.

[115] 段忠桥 . 当代国外社会思潮 [M].3 版 . 北京: 中国人民大学出版社, 2010: 50.

[116] 李瑞英 . 警惕新自由主义思潮 [N]. 光明日报, 2004-11-09（4）.

[117] 马克思, 恩格斯 . 马克思恩格斯选集: 第 3 卷 [M]. 中共中央马克思恩格斯列宁斯大林著作编译局, 译 . 北京: 人民出版社, 2012: 810.

[118] 靳辉明 . 关于当前影响我国的四种社会思潮的剖析和思考 [J]. 重庆邮电大学学报（社会科学版）, 2009（2）.

[119] 左鹏 . 意识形态领域挑战社会主义核心价值体系的几种主要社会思潮 [J]. 思想理论教育导刊, 2014（4）.

[120] 梅荣政 . 用马克思主义引领社会思潮 [M]. 武汉: 武汉大学出版社, 2008: 154.

[121] 林泰 . 问道——改革开放以来的社会思潮与青年思想政治教育研究 [M]. 北京: 中国社会科学出版社, 2013: 204.

[122] 李泽厚 . 中国现代思想史论 [M]. 北京: 东方出版社, 1987: 420.

[123] 穆艳杰 . 当代历史虚无主义批判 [J]. 政治学研究, 2011（5）.

[124] 梁柱 . 详解历史虚无主义思潮 [EB/OL].（2013-08-12）[2018-06-18].http：//www.71.cn/2013/0812/727463_2.shtml.

[125] 王钧林 . 儒家伦理的普世价值 [N]. 中华文化报, 2006-08-21（1）.

[126] 汪亭友 . "共同价值" 不是西方所谓 "普世价值" [M]. 红旗文稿, 2016（4）.

[127] 习近平 . 习近平在纪念马克思诞辰 200 周年大会上的讲话 [N]. 人民日报, 2018-05-05（1）.

[128] 俞可平 . 现代化进程中的民粹主义 [M]. 战略与管理, 1999: 1.

[129] 周庆智 . 民粹主义思潮的表现形态与有效应对 [J]. 理论导报, 2017（1）.

[130] 人民论坛问卷调查中心 .2015 值得关注的十大思潮调查报告 [EB/OL].（2016-01-18）[2018-06-22].http://www.rmlt.com.cn/2016/0118/415148.shtml.

[131] 中共中央文献研究室. 毛泽东文集：第 2 卷 [M]. 北京：人民出版社，1993：435.

[132] 胡锦涛. 胡锦涛在全国教育工作会议上的讲话 [EB/OL].（2010-09-08）[2018-05-16]. http://news.xinhuanet.com/politics/2010-09/08/c_12532198.htm.

[133] 习近平. 习近平在全国宣传思想工作会议上讲话 [EB/OL].（2013-08-20）[2018-05-16]. http://news.Xinhuanet.com/photo/2013-08/20/c_125211184.htm.

[134] 郭金龙. 牢牢把握意识形态和网络舆论工作主导权 [N]. 北京日报，2013-11-06（1）.

[135] 马克思，恩格斯. 马克思恩格斯选集：第 4 卷 [M]. 中共中央马克思恩格斯列宁斯大林著作编译局，译. 北京：人民出版社，1995：223，681.

[136] 意识形态工作是党的一项极端重要的工作 [EB/OL].（2013-08-20）[2018-05-16].http://new.xinhuanet.com/politics/2013-08/20.

[137] 习近平在全国宣传思想工作会议上讲话 [EB/OL].（2013-08-20）[2018-05-16].http://news.xinhuanet.com/photo/2013-08/20/c_125211184.htm.

[138] 马尔库塞. 审美之维 [M]. 北京：生活·读书·新知三联书店，1989：193.

[139] 胡锦涛. 胡锦涛在中国共产党第十八次全国代表大会上的报告 [N]. 人民日报，2012-11-18（1）.

[140] 袁贵仁. 扎实推进高校思想政治教育进网络工作 [J]. 中国高等教育，2002（3）.

[141] 习近平. 决胜全面建成小康社会夺取新时代中国特色社会主义伟大胜利——在中国共产党第十九次全国代表大会上的报告 [M]. 北京：人民出版社，2017：39，41.

[142] 马克思，恩格斯. 马克思恩格斯文集：第 8 卷 [M]. 中共中央马克思恩格斯列宁斯大林著作编译局，译. 北京：人民出版社，2009：14.

[143] 揭晓. 论马克思主义意识形态大众化传播的日常生活维度 [J]. 教学与研究，2015（6）.

[144] 习近平. 把培育和弘扬社会主义核心价值观作为凝魂聚气强基固本的基础工程 [N]. 人民日报，2014-06-30（1）.

[145] 中共中央文献研究室. 十四大以来重要文献选编：上 [M]. 北京：人民出版社，1996：450-451.

[146] 吴学琴. 日常生活的意识形态分析及其认同 [J]. 马克思主义研究，2009（3）.

后　记

　　意识形态工作关乎党的前途命运、国家长治久安和人心向背，是党和国家的精神支柱和灵魂。中国共产党在90年多年来的革命、建设和改革进程中，始终高度重视意识形态工作。尽管在不同历史时期，中国共产党经历的时代背景、发展阶段和主要任务不同，但始终牢牢掌握着意识形态建设工作的领导权，在意识形态领域的掌控能力不断提升，在推进意识形态建设中积累了丰富的历史经验。党的十八大以来，习近平总书记在不同的场合多次强调意识形态工作，指出意识形态工作是党的一项极为重要的工作。2017年10月，他在党的十九大报告中指出："意识形态决定文化前进方向和发展道路"。党的十八大五年多来，在习近平总书记为核心的党中央强有力领导下，新时代中国的意识形态工作奋发有为，意识形态工作基础逐步巩固。中国共产党成立90多年来掌控意识形态工作的历程与经验告诉我们，意识形态的战略地位和功能不可忽视，党对意识形态工作的领导权不可松懈。只有如此，才能坚守马克思主义的主流意识形态阵地，才能开辟中国特色社会主义道路的新境界。

　　北京是全国的政治、文化、国际交往和科技创新中心，也是意识形态斗争的前沿阵地。北京市历来高度重视意识形态工作，北京市委市政府主要领导多次强调首都意识形态安全的重要性，要牢牢把握意识形态和网络舆论工作主导权。党的十八大以来，北京市委市政府坚决贯彻党的十八大、十九大精神和深入学习习近平新时代中国特色社会主义思想，积极探索经验规律，不断明确思路方向，保持了意识形态领域总体平稳向好的态势。但是，当前首都意识形态也存在一系列不可忽视的新情况、新问题，如首都意识形态领域面临"空前活跃、空前复杂"的态势，社会主义意识形态被"污名化"，新自由主义、历史虚无主义等主要社会思潮泛滥，非主流和反主流意识形态开始全方位、立体化渗透等。面对近年来首都意识形态出现的新情况、新问题，北京要能够全面实现意识形态领域"首都稳、全国稳"的良好发展态势，必须坚决贯彻落实中央决策部署和指示要求，保持高度政治自觉和责任担当，统一思想，凝聚共识，增添举措，坚守阵地，把意识形态工作主动权牢牢掌握在手中。首都要在意识形态工作中树立超前意识、服务意识和法制思维，灵活转变工作方式，凝聚最大公约数，为建立国际一流的和谐宜居之都创造首善环境。

本书在笔者近年相关研究的基础上，以界定意识形态安全相关概念和首都意识形态战略定位为切入点，以梳理当代中国意识形态建设的探索历程与基本经验为背景，对比西方资本主义国家和社会主义国家意识形态建设的经验教训，重点研究当前首都意识形态安全存在的问题，分析问题原因，探寻新时代首都意识形态安全工作创新的实现路径。笔者三年的研究过程中也取得了一些前期阶段性成果，除了发表了几篇相关论文，本书的两篇前期研究成果已经获得了中共中央宣传部和北京市主要领导的肯定性批示，关于设立政府网络发言人的政策建议已经落实到2018年北京市政府重要文件政策实施中。

本书在进行研究选题论证的过程中，获得了北京市哲学社会科学青年拔尖人才项目资助，为更加快速深入地开展研究和写作提供了坚强后盾。写作过程中，得益于笔者前期关于意识形态研究的学术积累，得益于笔者曾经在中共中央宣传部和北京市委宣传部挂职锻炼过的领导和同志的大力支持，也为本书的资料收集和写作指导提供了很大帮助。笔者在中国人民大学就读时期的博士生导师杨凤城教授百忙之中为本书作序。另外，本书在写作过程中，还得到了北京市社会科学院领导的大力支持。知识产权出版社的领导和安耀东编辑也为本书出版付出了辛劳和智慧。

本书虽然经过三年多的精心写作，期间也修改多次，但由于作者水平所限，书中的缺陷和错误依然难免，敬请读者批评指正。

尤国珍

2018 年 8 月